회계 천재가 된 홍 대리

⟨5⟩

회계 천재가 된 홍 대리

⟨5⟩

자금조달

손봉석 지음

다산북스

contents

인생의 중대한 기로   007

주주가 된다는 것은?   019

기업의 역사는 위기와 극복의 역사   037

회원권은 부채인가, 자산인가?   055

자본이 부채보다 항상 좋은 걸까?   067

유동성을 확보하라   081

보증이라는 이름의 족쇄   097

기업의 가치는 무엇인가?   113

기업의 가치를 파괴하는 투자   145

중요한 것은 눈에 보이지 않는다   173

ESG는 고객의 마음을 얻는 것   189

숨은 진주를 보여 주는 연결재무제표   209

미래를 가로막는 현재의 이익   237

다시 처음부터   265

홍현철(홍 대리)

"두 번 다시 돈 때문에 가치 있는 일을 포기하지 않겠어."

대한건설 대리로 입사해 김연욱을 따라 들어온 회사 파라다이스에서 실장으로 성장하는 인물. 의리가 있고 가족을 매우 사랑한다.

홍영호

"합병의 목적을 잊지 않았으면 합니다."

제주도에 있는 회계컨설팅 회사 대표. 홍현철과는 각별한 사이다.

김연욱

"나는 어디서 왔고, 무엇을 했으며,
어디로 가는지 생각해 봤다네."

파라다이스의 사장. 40대의 반란을 꿈꾸며 대한건설에서 독립했다. 꿈꿔왔던 리조트 사업에 모든 걸 바칠 각오로 뛰어들었지만 이내 위기를 맞게 되는데…….

구의연

"ESG는 잊고 있었던 걸 다시 생각해 보는 것일세."

대한건설 부회장. 김연욱과 홍 대리의 정신적 지주다.

강지훈

"대가 없는 협상은 없지."

제주도의 유지이자, 엘리트의 회장. 김연욱과는 악연이다.

인생의
중대한 기로

그날 하루 종일 대한건설은 뒤숭숭한 분위기였다. '대한그룹 내 계열사 분리'라는 제목의 뉴스가 케이블 TV와 라디오 뉴스의 첫 꼭지에 보도됐고, 각종 인터넷 포털사이트 메인화면을 종일 장식하고 있었다. 모인 직원들은 오전에 발표된 계열사 분리 소식과 관련해 회사의 미래와 각자의 향후 거취에 대해 이야기를 나누기 바빴다.

업무보고 차 서울 본사에 올라와 있던 제주지사 관리팀의 홍현철 대리도 마찬가지였다.

"어떻게 건설이 유 회장님 쪽으로 넘어갈 수 있죠? 건설은 초창기부터 조 회장님 계열사였잖습니까?"

홍 대리는 상관인 김연욱 소장에게 물었다.

"대신 조선이 유 회장 쪽에서 조 회장 쪽으로 넘어갔잖아. 그러니 조 회장 쪽에서도 그에 상응하는 건설을 포기한 거겠지."

김 소장은 애써 담담한 표정을 지으며 말을 아꼈지만, 막막한 그 눈빛을 숨길 수는 없었다. 순간 카페테리아에서 식은 커피를 마시는 대신 선술집에서 소주 한잔이라도 걸치고 싶은 마음이 간절해졌다. 몇 년째 소문으로만 무성했던 계열사 분리가 이런 식으로 결론이 날 거라고는 홍 대리나 김 소장이나 예상하지 못했다.

"소장님, 이제 어떻게 하실 건가요?"

홍 대리가 김 소장에게 조심스레 물었다.

"글쎄……."

김연욱 소장은 말끝을 흐리며 골똘히 생각에 잠겼다. 그는 막다른 골목에서도 좌절하거나 용기를 잃지 않았다.

건설이 유 회장 쪽으로 넘어갔다는 발표는 사실 홍 대리보다는 김 소장 쪽에 더 충격이었다. 소위 '조 회장 라인'이었던 김 소장은 어쩌면 회사를 다닐 명분이나 이유를 잃어버린 걸지도 모른다. 입사 이래 20년 동안 자신을 단단하게 지켜주었던 밑동이 뿌리째 흔들렸으니 언제 회사를 나가야 할지 모르는 상황에 처한 것이다. 그나마 김 소장에게 삶의 기둥 같았던 구의연 부회장이 건설에 계속 남아 있게 된 게 불행 중 다행이었다.

조 회장의 측근이었던 구 부회장은 그룹 분리 과정에서 조 회장과 유 회장의 중재자 역할을 충실히 수행해 왔기 때문에 유 회장 측으로부터도 상당한 신뢰를 받았다. 갑작스레 건설 부분을 맡게 된 유 회장 입장에서도 구 부회장이 필요했다. 결국 구 부회장에겐 대한건설에 남아 있을 충분하고도 단단한 입지와 명분이 있었다.

하지만 김연욱 소장은 달랐다. 구 부회장 한 사람만 믿고 회사에 남기엔 사방에 너무 많은 변수가 도사리고 있었다. 무엇보다 김 소장에겐 오래전부터 거대 조직의 부속품으로 평생을 살기보다는 자신의 이름을 내건 사업을 하겠다는 꿈이 있었다. 물론 위험도 있을 것이다. 하지만 인생을 걸어볼 만한 위험이 없는 삶은 가치가 없어 보였다. 새로운 것을 얻으려면 위험과 두려움은 불가피한 것이었다.

■

"도와주겠나?"

김연욱 소장이 홍 대리를 똑바로 응시하며 물었다. 그

눈빛을 통해 현철은 김 소장이 지금 무슨 생각을 하는지 알수 있었다. 사석에서 종종 김 소장은 제주도에 자신의 골프장을, 더 나아가 골프장을 낀 제주 최대의 리조트를 꾸려보고 싶다며 언젠가 때가 되면 일을 도와달라고 말하곤 했다.

그 순간 현철은 김 소장 못지않게 인생의 중대 기로에서게 됐다. 김 소장이 부르면 언제든 행동에 나설 준비가 되어 있다고 생각했지만 막상 닥치고 보니 생각이 많아졌다. 자신이 운명을 이끌어간다고 생각해 왔건만, 실은 운명이 자신을 끌고 가는 것 같았다.

"평생 고만고만한 월급쟁이로 사는 것보다 나을 수도 있지. 그럼 난 홍 대리 아내에서 홍 이사 아내가 되는 건가?"

영란은 회사를 관둘까 생각 중이라는 남편의 얘기를 처음엔 그저 장난으로 여겼다.

"아니다, 갑자기 그렇게 수직 상승하면 현기증 나서 안되지. 당신 회사 관두지 말고 그냥 다녀야겠다. 적어도 우리 아이 태어날 때까지는……."

영란은 지난주에 병원에서 임신 사실을 확인했다. 결혼 5년 만에 생긴 아이인 만큼 영란은 요즘 매일이 행복했지만 동시에 혹시나 배 속의 아이가 잘못될까 조심스러웠다.

그런 아내를 보면서 현철은 결국 입을 다물고 말았다. 아직 무엇 하나 뚜렷하게 결정된 게 없는 마당에 공연히 아내를 불안하게 만드는 건 아닌가 싶었기 때문이다.

"대신 나중에, 나중에 사업하게 되면 당신 고향이 제주니까 제주에서 해."

책을 뒤적이면서 영란이 농담처럼 말했다. 하긴 김연욱 소장이 자신을 곁에 두고 싶어 하는 데에는 자신의 고향이 제주라는 사실이 주요하게 작용했을 것임을 현철 스스로도 모르지 않았다.

"제주 사람들은 왜 육지 사람이라고 하면 일단 색안경부터 끼고 보는 거야?"

김연욱 소장이 그렇게 말할 때면 현철은 전 제주도민들을 대변이라도 하듯 이렇게 말하곤 했다.

"제주도는 역사적으로 가장 힘든 유배지였기 때문에, 육지에서 내려온 사람들 대부분이 좋지 않은 일로 내려오는 경우가 많았거든요. 또 그렇게 내려온 육지 사람들은 하루라도 빨리 육지로 다시 돌아가려 했고……. 그러다 보니 제주 사람들 사이에 자연스럽게 그런 감정이 싹튼 것 같아요."

밤새워 고민한 끝에 현철은 김연욱 소장의 꿈이 실패

할 가능성보다는 성공할 가능성이 더 높다고 결론 내렸다.

우선 김 소장이 10여 년 전부터 지금까지 골프장과 리조트 건설이 대부분인 제주 현장에서 근무해 오면서 충분한 경험을 얻었다는 점과 현재 대한건설의 제주 골프장 개발 책임자로 있으므로 자신의 사업을 진행시키는 데도 유리한 위치에 있다는 점 등이 그런 판단을 내리게 된 결정적 요인이었다.

게다가 1990년대 중반 이후 제주가 전국에서 유형고 정자산에 대한 투자 비중이 가장 높으며 동시에 가장 먼저 개발제한구역이 해제된 곳이었기에 그만큼 개발에 유리하다는 점도 현철이 긍정적인 판단을 내리는 데 한몫했다. 물론 지역주민들과의 마찰 문제가 있긴 했지만, 김연욱 소장은 그 부분에 있어서도 나름의 계획을 갖고 있었다.

"주민들 민원 문제도 피해야 하기 때문에 이미 인허가를 진행 중인 매물들 위주로 살펴보는 중인데……. 아무래도 풍광이 제일 빼어난 서귀포 부지가 나을 것 같아서 그쪽 인허가를 진행하고 있는 엘리트와 접촉을 해볼 예정이네."

김 소장은 예전부터 생각해 두었던 '파라다이스'라는 이름으로 자기 회사를 설립해 매물을 인수할 생각이었다.

홍 대리가 김 소장과 한 배를 타기로 결정한 가장 큰 이유는 바로 김연욱의 성품에 있었다. 일에 있어서 누구보다 꼼꼼하고 주도면밀했지만, 김 소장은 무엇보다 신의가 있고 사람을 중요시했다. 그래서 설사 실패를 하더라도 김 소장과 함께한 시간, 그 자체만으로도 새로운 시도를 위한 발판이 될 것이라는 게 홍 대리의 믿음이었다. 다른 직원들도 마찬가지였다. 다른 부서에 있을 때에는 평범한 직원이었지만, 김 소장과 일할 때면 그의 명령에 목숨 바쳐 싸우는 용사가 되어 있었다. 하지만 아무리 머릿속에서 이런 생각을 했다 하더라도 막상 현실에서 이를 실천하기란 여의치 않았다. 우선 현철에게는 책임질 가족이 있다. 유산 위험이 있다는 얘기에 장기 휴직을 신청한 아내가 있고, 몇 달 후 태어날 아이가 있다.

하지만 삶에서 안전이 중요하긴 해도 감당할 만한 가치가 있는 위험이라면 한 번쯤 감수해 보는 것도 나쁘지는 않을 것 같았다. 홍 대리는 고민 끝에 타협점을 찾았다.

"일단 회사를 다니면서 소장님 일을 도와드리겠습니다."

어찌 보면 이런 홍 대리의 말은 낌새가 안 좋으면 바로 발을 빼겠다는 다소 애매모호한 태도로 보일 수도 있지만, 다행히 김연욱 소장은 입장을 이해해 주었다.

"자네가 도와주겠다니, 정말 고맙네."

김연욱 소장은 든든한 동지를 얻은 듯 홍 대리의 손을 꼭 붙잡아 주었다. 하지만 무슨 일을 추진하든 둘만으로는 부족한 감이 있다. 적어도 셋은 되어야 일이 톱니바퀴 굴러가듯 제대로 돌아갈 수 있다. 특히나 처음 사업에 손을 대는 사람에겐 전문적인 조언을 해줄 사람이 꼭 필요했다.

　　"엘리트 강지훈 회장을 만날 때 나 혼자 만나는 것보다 함께 갈 수 있는 사람이 있으면 좋겠는데……."

　　현장소장으로 일해온 김 소장은 개발 쪽에는 전문가였지만 경영이나 사업에는 문외한이라, 엘리트 측과 제대로 된 협상을 벌이려면 회사 설립부터 시작해 지분관계 정리, 합병 절차 진행에 이르는 폭넓은 전문지식을 갖춘 누군가의 도움이 필요했다.

　　"그런 일이라면 딱 맞는 사람이 있습니다."

　　김연욱 소장은 홍 대리가 추천한 사람이라면 두말할 것도 없다는 듯 반갑게 물었다.

　　"그게 누군가?"

■

　　"안녕하십니까? 홍영호 회계사입니다."

홍영호 회계사의 미소는 보는 것만으로도 없던 신뢰가 생길 정도였지만, 김연욱 소장은 다소 딱딱하게 인사를 건넸다.

"네, 김연욱입니다."

홍 회계사와 악수를 하던 김연욱 소장은 긴가민가한 표정으로 물었다.

"근데…… 홍영호 회계사라. 어째 이름이 낯익은데?"

"실은, 저희 형님 되십니다."

이에 김 소장이 눈을 멀뚱거리며 두 사람을 번갈아 쳐다보았다.

"형님이라고? 아, 그러고 보니 두 사람 다 홍 가네."

"아니, 친형이 아니고요. 제 처의……."

"뭐야? 그럼 자네 집사람의 오빠란 소린가? 아, 그래. 생각해 보니 자네 결혼식 때 봤던 것 같네."

홍현철 대리와 동갑인 홍영호 회계사는 사실 영란의 오빠이기 전에 현철의 대학교 친구였다. 어찌 보면 현철이 아내를 만난 것도 홍영호 회계사의 중간 역할이 있었기 때문이었다. 제주에서 고등학교를 졸업한 현철은 서울에 있는 대학에 진학했고, 그곳에서 영호와 친구가 됐다. 졸업 후에는 현철이나 영호나 평범하게 직장생활을 시작했지만, 시간이 흐르면서 영호는 일이 잘 풀렸다. 그는 회계사가 된 후에 책도 내고 제주에서 사업도 하면서 전국을 무대로 사업을 확장시키고 있었다. 홍 대리는 승승장구하는 홍 회계사를 시기할 법도 했지만 단 한번도 그런 마음을 품은 적이 없었다. 오히려 그런 친구가 자랑스러웠고, 항상 노력하는 영호에게 마음속으로 경외감을 가지기까지 했다.

"근 몇 년 동안 제주도에서 일했기 때문에 지역 실정을 누구보다 잘 알고 있기도 하고, 이쪽에선 상당히 유능하다는 평가를 받고 있습니다."

"홍 대리가 이렇게 말할 정도면 일을 맡겨볼 만하겠네."

말은 그렇게 했지만 김 소장의 표정은 그렇지 않았다. 그저 형식적인 인사치레에 불과해 보였다. 사실 김 소장은 내심 걱정이 앞서고 있었다. 다른 건 둘째 치고서라도 너무 젊다는 것이 마음에 걸렸다. 김 소장이 생각하는 사업은 최소 1000억 원 단위이고, 잘된다면 1조가 넘어갈 수도 있는 프로젝트였다. 그런 큰 프로젝트를 맡기기엔 홍 회계사의 나이가 너무 어린 게 아닌가 하는 생각이 들었다. 나이가 어린 만큼 경험이 부족할 듯했기 때문이다.

그러나 엘리트 강지훈 회장과의 미팅이 당장 며칠 후였으니 어쩔 수 없이 홍영호 회계사를 한번 믿어보기로 했다.

주주가
된다는 것은?

흡사 비밀작전을 수행하는 요원처럼 홍 대리는 회사 동료들이 눈치채지 못하도록 김 소장과 은밀히 휴대폰 문자 메시지를 수시로 주고받으며 일을 진행해 나갔다. 그와 동시에 현철은 대한건설 제주지사의 관리팀 대리로서 해야 할 일도 예전과 다름없이 해나가고 있었다. 현재 자신의 소속인 대한건설에 누를 끼쳐선 안 된다는 책임감 때문이었다.

그렇게 대한건설의 홍 대리이자 김연욱 소장의 개인 비서, 때에 따라서는 운전기사 역할까지 하다 보니 하루 24시간이 모자랐다. 퇴근 후에는 술자리도 피하면서 김 소장의 업무를 지원했다. 보름 만에 몸무게가 무려 3킬로그램이나 줄어들었다. 시간을 쪼개가며 일해도 여전히 할 일이 산더미인 건 홍 대리 자신의 부족한 전문지식 때문이었다. 줄곧 대한건설 관리팀 소속이었던 홍 대리는 현장 경험이 부족했고, 대기업이라는 거대 조직 속에서 주어진 일만을 반복적으로 해왔기 때문에 독자적으로 무언가를 추진하는 데에도 익숙지 않았다.

"엘리트 강지훈 회장은 어떤 사람이야?"

김연욱 소장과 미팅을 끝내고 집으로 가는 차 안에서 홍 대리가 영호에게 물었다.

"서귀포 토박이야. 선대부터 쭉 지역 유지였고……."

"제주도민이야? 그럼 인허가 따는 데에는 아무래도 유리하겠네."

"그렇지. 그것 때문에 강지훈 회장을 만나는 거니까."

엘리트에서 추진하는 골프장 예정지는 땅 크기만을 따지자면 18홀의 골프장을 짓기에는 약간 좁은 감이 있었다. 하지만 제주 범섬이 바라다보이는 위치에, 한쪽이 바다와 맞닿아 있어서 바다를 끼고 라운딩을 즐길 수 있었다. 더불어 나머지 세 방향은 절벽으로 막혀 있어서 바람의 영향도 거의 받지 않았다. 전 세계적으로도 이렇게 멋진 지리적 조건을 갖춘 골프장은 흔치 않을 것이었다.

강지훈 회장도 그 사실을 알고 회사를 차려 그 부지에 골프장을 짓기 위해 인허가권을 진행 중이었다. 김연욱 소장은 엘리트 주식을 인수하기로 마음먹었다. 엘리트를 사업파트너로 삼아 골프장을 지을 계획이었다. 이제 문제는 엘리트의 가치를 얼마로 계산해 어느 정도의 지분을 인수받을 것인가였다.

며칠 후 점심나절을 이용해 홍 대리와 홍영호 회계사, 그리고 김연욱 소장은 공식적인 첫 미팅을 위해 엘리트를 방문했다. 솔직히 처음 눈앞에 들어온 엘리트의 모습은 적잖이 실망스러웠다. 아직 회사의 틀조차 만들어지지 않은 듯 보였다. 골프장 조감도 하나만 덩그러니 걸려 있는 컨테이너 사무실 안에는 의자 몇 개만 놓여 있을 뿐이었다. 꼭 공사현장 한복판에 서 있는 느낌이었다.

"엘리트의 강지훈입니다."

포마드를 발라 넘긴 검은 머리카락엔 윤기가 넘쳤지만, 그와 대조적인 깡마른 얼굴에 쭈글쭈글한 피부와 새까만 입술 때문인지 강지훈 회장의 인상은 무척 까다로워 보였다. 강지훈 회장은 의례적인 인사말도 생략한 채 협상을 시작했다.

먼저 적절한 합병가액 산정을 위해 홍영호 회계사가 미리 받아놓은 엘리트의 재무제표를 보면서 설명해 나갔다.

"엘리트의 재산은 장부상으로 20억 원 정도로 되어 있습니다."

홍 회계사의 말에 전혀 개의치 않는 듯 강지훈 회장이 말했다.

"홍 회계사님은 회계 얘기만 하시는데, 20억이야 장부상의 얘기고……. 지금까지 인허가를 받기 위해 회사에 투자해 왔던 금액만 60억 원 정도는 됩니다. 회계가 아니라 경영으로 이야기해야죠. 자본주의사회는 투자한 만큼 거두는 사회잖아요."

자신의 투자 금액에 대한 지분을 어느 정도 인정받느냐가 오늘의 주요 안건이었던 만큼 강 회장은 지금까지 지출한 금액으로 엘리트의 가치를 인정받고 싶어 했다. 보통의 사장들처럼 강 회장도 지금까지 자신이 사업을 위해 투자한 돈을 모두 기업가치로 생각하고 있었다. 그런 생각 때문에 그는 의도적으로 홍 회계사를 무시하면서 자신이 경영학의 대가나 된 것처럼 거들먹거렸다. 그러나 상식적으로 80억 원은 터무니없는 액수였다.

"눈에 보이는 엘리트의 자산은 20억 원뿐입니다."

"종이 위에 적힌 숫자만 놓고 보면 그렇겠죠. 그러나 보이는 것이 전부는 아닙니다. 그 너머에 있는 본질을 생각해야 정확한 가치를 알 수 있는 겁니다."

"본질이라면 인허가권을 말하는 건가요? 하지만 아직 인허가권은 정식으로 따지도 못했는데요. 게다가 재무제표상으로 확인이 되는 20억 원 외에 60억 원이라는 돈은 어디에 쓰였는지도 알 수 없습니다."

김 소장은 여과 없이 속내를 드러내며 동조를 구하듯 홍 회계사를 쳐다보았다. 하지만 홍 회계사는 섣불리 누구의 편도 들지 않겠다는 듯 말을 아꼈다. 강지훈 회장의 얼굴에서 어두운 그림자를 보았기 때문이었다. 강지훈 회장의 목소리가 은근하게 커졌다.

"미래가치를 따지자면 지금의 80억 원이야 아무것도 아닙니다. 김 소장님이 지금까지 한 투자 중 최고의 투자가 될 거요."

"미래는 불확실합니다."

김연욱 소장은 거칠어진 숨소리를 진정시키며 다시 대화를 이어갔다.

"미래가 뭘 의미하는지에 달렸죠. 이 사업은 예상외로 빨리 돈이 될 거요."

"강 회장님도 방금 말씀하셨다시피 중요한 건 엘리트의 미래가치입니다. 그런데 내역도 분명치 않은 과거 투자비까지 해서 80억 원 전부를 저희 쪽에 부담 지우신다는 건 좀처럼 수긍하기 힘들죠."

골프장 인허가 절차를 고려하더라도 20억 원으로 충분하다는 생각이었지만, 인허가를 따기 위해 썼을 진행비와 시간적인 기회비용을 고려해 약간의 프리미엄 정도는 얹어줄 수 있다는 생각이었다. 하지만 그렇다 해도 80억 원은 너무 과도한 액수였다.

"여기까지 만드는 데 많은 시간과 돈을 들였어요. 쉽게 가치를 평가할 수 없는, 내 집 같은 곳이죠. 김 소장님은 그 의미를 이해하지 못하는가 보군요. 나는 진가를 알아주는 사람하고 거래하고 싶소."

"그렇지만 가격이 너무 부담됩니다."

"솔직히 난 팔려는 게 아니오. 내가 원하는 건 엘리트를 자식처럼 사랑해 줄 부모 같은 투자자요. 투자는 아이를 키우는 것과 같으니까요."

"아무리 애정이 있다고 하더라도 그 정도의 가치는 없습니다. 적당한 가격에 거래하고 싶습니다."

"내겐 있어요. 너무 가격을 후려치려고 하지 마시오. 투자자가 스스로 그 가치를 깨닫기 전에는 안 팔 거요."

모든 거래에는 만족하지 못하는 사람이 있기 마련이다. 더 벌기 위한 욕심, 여기에 회사에 대한 애정이 더해진다. 그러나 인수해야 하는 김 소장의 입장에서는 그런 부분까지 인정해 줄 수 없었다.

기업을 운영하는 사람에게 기업가치는 하나의 비전이고 즐거움이었다. 여기에서 기업가치를 평가한다는 것은 자산가치를 평가한다는 뜻이다. 자산가치는 미래에 돈을 벌어다준다. 즉, 기업가치는 미래의 현금흐름이라고 볼 수 있는 것이다. 따라서 비용으로 없어진 금액은 재산에 포함시킬 수 없다는 김 소장의 생각은 이론적으로 옳았다. 강지훈 회장은 고개를 하늘로 살짝 올리며 자신의 일이 아니라는 듯한 표정으로 불쾌감을 드러내고 있었다. 고요함 속에서 싸늘한 냉기가 흘렀다.

이때 홍 회계사가 엘리트의 재무 자료를 짚으면서 막힌 대화의 물꼬를 텄다.

"엘리트의 현재 자본금은 10억 원이고 주주는 강지훈 회장님과 그 가족 한 명으로 돼 있습니다. 골프장 사업을 위한 회사를 별도로 설립할 필요 없이 엘리트의 주식 중 50퍼센트를 김연욱 소장님께 액면가액으로 양도해 50 대

50의 지분 구도로 회사를 시작하는 것이 바람직할 것 같습니다."

홍 대리는 고개를 끄덕였다. 동업이라면 50 대 50의 지분은 확보해야 뭘 하든 대등한 위치에서 일을 진행할 수 있을 거라는 점에서 맞는 말 같았다. 하지만 엘리트의 인허가권을 유지하기 위해 파라다이스라는 회사 이름을 전면에 내걸고 사업을 추진할 수는 없다는 점이 아쉬운 대목이기도 했다. 먼 산만 바라보던 강지훈 회장이 혼잣말하듯 중얼거렸다.

"5 대 5라⋯⋯."

강지훈 회장은 50퍼센트의 지분을 넘겨주게 된다면 나중에 자신의 회장 자리까지 위험해지는 건 아닐까 불안해하는 눈치였다. 처음에는 동등한 지분일지 몰라도 회사가 커지면 자금력이 있는 사람이 주도권을 가질 수밖에 없다. 회사란 계속 돈을 필요로 하는 존재다. 자금력 있는 사람은 계속 자금을 투자하게 될 텐데, 여기에는 조건이 따를 것이 분명했다. 자금에 대한 이자를 원하거나 아니면 주식을 요구할 가능성이 높다. 그렇게 지분을 넘겨주다 보면 자금력 없는 사람의 지분은 줄어들 수밖에 없다.

김연욱 소장이 강지훈 회장의 마음을 읽은 듯 말문을

열었다.

"회사의 이름도 엘리트 그대로 가고 대표이사 권한도 강지훈 회장님이 계속 갖고 가십시오. 어차피 사업의 목적은 골프장을 만들어 투자자를 모집하고 회원권을 분양해 골프장 운영의 효율을 극대화하는 것이니까요. 하나의 회원권으로 제주 골프장들을 골고루 이용할 수 있는 회원권을 분양할 겁니다."

역시 김 소장은 사람을 다루는 능력이 있었다. 일단 강 회장의 걱정을 불식시킴으로써 돈독한 사업파트너십을 이끌어내려 했고, 이를 위해 몸소 자신이 먼저 한발 물러서겠다는 의지를 밝힌 것이다.

"그리고 제가 엘리트의 주주가 되는 게 투자자 모집이나 골프장 회원권 분양에도 효과적일 겁니다. 그러니 강 회장님께선 엘리트의 대표이사로서 토지매입과 사업 인허가 승인 문제를 책임져 주시고, 저는 주주로서의 책임과 사명을 갖고 투자자 모집과 회원권 분양에 최선을 다하면 되는 거죠."

강지훈 회장은 대답을 하지는 않았지만 왠지 불안해 보였다. 머릿속으로 이해타산을 하는 눈치였다.

"토지매입 문제는 어떻게, 잘 진행이 되고 있습니까?"

김 소장이 차를 마시며 한마디 툭 던졌다.

"뭐, 그럭저럭……."

말끝을 흐리는 강지훈 회장의 얼굴엔 순간 당황한 기색이 스쳤다.

엘리트가 골프장을 지으려고 하는 부지는 예전부터 지역 주민들이 농사를 짓던 땅이라 토지 소유주만 100명이 넘었다. 한두 명의 토지 소유주에게서 땅을 매입할 때도 지주가 땅값을 올리기 일쑤여서 쉽지 않은데, 100명이 넘는 토지 소유주들에게서 땅을 매입한다는 건 여간 어려운 일이 아니었다.

"그건 그렇고 투자자는 어떻게 모집할 생각이신가요?"

탁구공을 받아치듯 이번엔 강 회장이 김 소장을 향해 물었다. 자신이 해야 될 인허가나 토지매입 문제는 둘째 치고 일단은 자금을 확실히 조달받을 수 있을지 체크하려는 심사인 게 분명했다.

"투자자들은 5억 원씩 20명 정도 모집하려고 합니다. 소액투자자들이므로 100억 원의 자금을 조달하더라도 의사결정권에는 전혀 문제가 없을 겁니다."

일반인 입장에선 5억 원씩 20명의 투자자를 유치한다는 게 불가능한 일로 보일 수 있지만, 김연욱 소장에게는

20년을 투자한 인적자산이 있었기에 충분히 가능한 일이었다.

또한 섣부른 주식 배분이 나중에 문제를 가져올 수도 있기 때문에 김연욱 소장은 소액주주를 모집하여 경영권 침해를 방지하고자 했다. 초기에는 균등하게 주식을 배분하기 마련인데, 시간이 흐를수록 성과와 기여도가 달라지면서 공평성 문제가 생기기 때문이다.

"투자자로부터 조달한 자금은 엘리트의 차입금으로 처리될 거고 차입금에 대한 책임은 제가 질 테니 강 회장님께선 손해 볼 일이 없으실 겁니다. 더욱이 투자자들은 차용증거 없이 저한테 5억 원씩 투자하는 사람들입니다. 그만큼 저와 신뢰 관계도 좋고, 다들 재산가들이라 골프장 경영에 큰 관심도 없으니 그저 회원권과 일부 권리만 조금 주면 될 겁니다."

"사람을 설득하는 힘이 있으시군요. 김 소장님 쪽에서 너무 손해 보는 계약을 하시는 거 아닌가 싶은데……."

김연욱의 호의에 약간 미심쩍은 얼굴을 하던 강 회장이 어색한 표정으로 웃음을 짓고 있었다.

"손해랄 거 있나요? 이 정도야 파트너끼리 지고 가야 할 문제고, 어차피 사업도 장산데 나중에 돈 많이 벌면 되는 거죠."

회사가치를 높이려면 지배력이 낮아지는 것은 감수해야 한다는 것을 김 소장은 알고 있었다.

김연욱 소장의 얘기가 끝나자 홍 대리가 미리 홍 회계사에게서 받아둔 서류를 강 회장 앞에 꺼내놓았다. 서류는 강지훈 회장과 김연욱 소장 사이의 업무협약서(안)로 일종의 MOU, 양해각서였다. 홍 회계사는 복잡한 MOU 서류의 항목들을 하나씩 짚어가면서 설명을 해나갔다.

"이제까지 진행해 온 대로 토지매입 계약은 강지훈 회장님께서 신경을 쓰셔야 할 부분 같습니다."

홍영호 회계사는 먼저 확인하듯 강 회장의 역할을 다시한번 언급했고, 강 회장도 이에 동의하듯 고개를 끄덕였다.

"이때 토지매입 대금을 조달하는 것은 김연욱 소장님께서 하시게 됩니다. 문제는 김연욱 소장님이 엘리트와 아무런 관련이 없는 상태에서 투자자를 모집한다는 게 불가능하다는 건데요."

홍 대리가 듣기에도 맞는 말이었다. 김 소장이 아무리 내부적으로 50 대 50의 지분을 갖고 있다 해도 그건 내부적인 얘기일 뿐이다. 적어도 투자를 유도하기 위해선 투자자들에게 김 소장이 회사와 어떤 관련이 있다는 것을 알려

줄 만한, 그에 걸맞은 회사 내 직함이 있어야 할 것이다.

"더욱이 주주는 원칙적으로 차입금에 대해 책임질 필요가 없습니다. 그럼에도 김연욱 소장님께서 이번 골프장 개발과 관련한 투자금을 엘리트의 차입금 형태로 처리해 직접 책임을 지시겠다면, 만약의 사태를 생각해서라도 소장님을 주주로서의 지위 외에도 공동 대표이사로 등재하는 게 좋을 것 같습니다."

김연욱 소장이 전적으로 투자자로부터 자금을 모집하고 이 투자금을 김 소장의 책임하에 차입금으로 조달할 경우 나중에 여러 문제가 발생할 수 있다. 홍 회계사는 이를 고려해 차입금에 대해 김 소장에게 어느 정도 책임감을 지우게 하는 것이 김 소장이나 투자자들 입장에서도 낫다고 판단했다. 그 책임감의 대외적인 인정으로써 대표이사 등재를 언급한 것이다.

"아깐 그런 얘긴 없었잖소?"

강지훈 회장은 공동 대표이사 얘기에 심기가 불편한 듯했다. 김연욱 소장의 호의에 뭔가 숨겨진 의도가 있을 것이라 의심하고 있었는데, 드디어 그 속셈을 드러냈다고 여긴 듯했다.

강 회장의 기색을 눈치챈 김 소장의 표정이 순간 굳어

졌다.

"투자자들한테도 주주로시의 지위 정도는 보장해 줘야 투자할 마음이 날 겁니다."

"소액투자자들한테까지 주식을 주자고요? 그 투자자들 모두 김 소장님 사람들 아닙니까!"

강 회장의 낯빛이 어두워졌다. 강 회장은 아무리 소액투자자들이라도 그들이 김연욱 소장과 뜻을 같이하면 지분 면에서 밀릴 수 있다고 계산하고 있었다. 공동 대표이사 문제로 그렇잖아도 심기가 불편한데 소액투자자들의 투자금을 주식으로 바꿔주자는 말이 나오자 강 회장의 얼굴이 굳어지기 시작했다.

그때 홍 회계사가 한 가지 방안을 제시했다.

"다만 이때 주식을 갖게 되는 투자자들은 경영에 참여할 수 없도록 의결권을 제한하는 게 나을 듯합니다. 그러니까 강지훈 회장님과 김연욱 소장님만이 출자임원으로서 경영 의사결정권을 갖고, 나중에 주주로서의 지위를 얻게 되는 소액투자자들은 경영에 참여할 수 없도록 의결권을 제한하는 거죠."

홍 회계사의 제안은 분위기가 더 이상 악화되지 않도록 막으면서도 강 회장의 의심을 누그러뜨렸다.

"요즘은 소액주주들도 보통 영리한 것이 아니어서 자신들의 몫을 적극적으로 요구할 텐데 과연 그걸 받아들일까요?"

"의결권이 없는 대신 배당에 우선권을 부여하면 됩니다. 그렇게 되면 강 회장님이나 김 소장님 어느 한쪽이 상대방을 대표이사에서 해임시키지 못하게 되는 만큼, 두 분께서 공동대표로 신뢰를 갖고 경영을 하실 수 있을 겁니다."

우선주를 매입한 투자자는 일반 주주보다 고배당수입을 확보할 수 있었고 발행 기업에서 의결권이 없어 경영권 방어에 부담이 되지 않는 장점이 있었다. 중립적인 입장에서 조언을 하려는 홍 회계사가 내놓은 중재안이었다.

"말 한마디보다 동전 한 닢이 더 빛을 발하겠지요."

무뚝뚝하게 말을 내뱉은 강지훈 회장은 계약서 초안을 쓰윽 살피는가 싶더니 또 이렇게 물었다.

"사업하시겠다는 분이 이렇게 다 주겠다고 하시니……. 봉사나 하자는 게 아니잖소?"

강 회장의 말에는 은근히 가시가 있었다. 강 회장은 마치 사업을 시작하기에 앞서 김 소장의 인내심을 시험하기 위해 나타난 사람 같았다.

세상을 살다 보면 부당하고 불합리해도 참아야만 할 때

가 있는 법이다. 더구나 김 소장은 꿈을 위해서라면 이 정도쯤이야 얼마든지 참아낼 수 있다고 각오한 터였다. 범섬이 내려다보이는 바다를 앞에 두고 라운딩을 즐길 수 있는 골프장 그리고 리조트. 그건 김 소장이 자신의 40대를, 아니 남은 평생을 걸고 반드시 이루고 싶은 꿈이었다.

그러나 사실 주식 인수에는 김 소장이 생각하는 것 이상으로 리스크가 있었다. 10년 이상 된 주택이나 중고차를 매입해 본 사람은 알겠지만, 하나씩 고장 나서 고쳐야 하는 일이 곧잘 생기곤 한다. 판 사람이야 돈 받고 떠나면 그만이지만 산 사람은 사고 전담 처리반을 둬야 할 정도로 처리해야 할 일이 계속 생기는 것이다. 집이나 차도 그런데 하물며 회사를 인수하는 것은 어떻겠는가? 회사를 인수하면 문제도 함께 인수하는 법이었다.

이렇게 복잡한 주식 인수를 두고 가격 문제에서 의견 차이를 보이는 것은 앞으로 더욱 큰 혼란을 예견하는 것과 같았다.

기업의 역사는
위기와
극복의 역사

홍 대리는 파라다이스 법인 등재와 투자금 처리 문제를
해결한 후 그야말로 탈진 상태에 빠졌다. 대한건설 관리팀
홍 대리와 파라다이스 김연욱 사장의 오른팔 역할을 동시
에 해낼 수 있다는 건 역시 혼자만의 착각이었다.

'김 소장님께 힘들어서 못 하겠다고 할까? 아니면 정식
으로 회사에 사표를 낼까?'

이런저런 생각을 하며 사원 휴게실에서 커피를 홀짝이
고 있는데, TV 소리가 들려왔다. 휴게실 한쪽에 놓인 TV에
서 오전에 발표된 도청 지침과 관련하여, 예정자 지정을 받
은 사업자가 사업 승인을 받지 못하거나 준공을 하지 않는
경우 사업자 승인을 취소한다는 뉴스가 보도되고 있었다.

현철은 정신이 번쩍 들었다. 사실 도청에서 이런 지침을 내릴 것은 충분히 예상 가능한 수순이었다. 도내 골프장 개발 면적이 포화상태에 이른 가운데 골프장 건설보다는 투기 목적으로 땅값 상승을 노리고 사업 승인을 받는 경우가 종종 있었던 만큼, 도청도 이를 막을 조치를 강구해야 했을 것이다.

자신들에게 결코 유리하지 않았던 예상이 현실로 다가오자 홍 대리와 김 소장은 다급해졌다. 이대로 어영부영 시간만 보내다가는 그야말로 삽질 한번 제대로 못 해보고 골프장 사업에서 손을 떼게 될 판국이었다.

상황이 급했기 때문에 홍 대리와 김 소장은 급히 엘리트 사무실을 찾았다.

"뉴스 보셨어요? 2년 안에 사업 승인을 못 받으면 사업 예정자 지정이 취소가 된다는데……. 승인 절차에 좀 더 힘을 쏟아야 되지 않겠습니까?"

초조해하는 두 사람과는 대조적으로 강지훈 회장은 오히려 여유를 부렸다.

"사업 승인이야 따면 되는 거고……. 전 자꾸 투자금 문제가 걸리는데요. 지분보다는 차입금 형태로 조달해 주면 안 될까요?"

강 회장은 이번에도 투자금과 지분 문제를 꺼냈다.

"저도 인수 시점에선 투자금을 차입금 형태로 조달하는 게 편리할 거라 생각하고 있던 차였습니다."

"전 아예 인수 이후에도 쭈욱 차입금으로 끌고 갔으면 해서요."

강 회장은 사업 자체보다는 회사 소유권에 관심이 있다는 것을 숨기지 않았다. 그는 행여 주주 쪽으로 지분이 쏠려 자신의 자리가 위태로워질까 노심초사했다. 하지만 당장의 현안인 도청의 방침에 대해서는 한마디도 없이 지분 얘기만 하는 강 회장의 태도는 사업파트너의 자세가 아니었다.

"강 회장님, 주식도 안 주고 차입금 형태로 돈 빌리겠다고 하면 누가 사업 예정자 지정밖에 받지 못한 회사에 돈을 내주겠습니까? 차라리 수익성이 보장된 대기업 주식을 사거나 은행에 놔두고 적은 이자라도 받겠지요. 그리고 그 문제는 이미 지난번에 얘기가 다 끝난 사안 아닙니까?"

강지훈 회장의 자세에 화가 난 김 소장이 말했다. 차입을 하게 되면 담보를 설정해 주어야 하겠지만 김 소장에게는 제공할 담보도 없을뿐더러 개인적으로 그렇게 큰돈을 차입할 수 있는 상황도 아니었다. 그래서 생각한 방법이 주식을 주는 것이었다. 경영권 침해를 받을 위험도 있지만, 돈도 없는 사람이 남의 돈으로 사업을 하면서 자기가 다 가지려 해서는 아무것도 할 수 없다.

"이미 얘기가 됐더라도 더 늦기 전에 시정할 건 해야지요!"

"그렇게 하면 투자금을 모을 수가 없다니까요! 투자금 없이 사업을 어떻게 하겠습니까!"

둘 사이의 대화는 불가능한 것처럼 보였다. 애초에 강회장은 김 소장을 사업에 참여는 시키되 자금조달에 한정하고 싶은 마음이었고, 소장은 소장대로 남의 사업에 자금만 대주는 역할을 하려는 게 아니라 자기 사업을 하고 싶었던 것이다.

그날 미팅은 서로의 입장 차이만 확인하고 끝이 났다.

"도청 발표를 듣고도 지분 얘기나 하고 있다니……. 사업을 하겠다는 거야, 말겠다는 거야?"

돌아오는 차 안에서 김 소장은 답답한 듯 넥타이를 느슨하게 풀며 투덜거렸다.

마침 그때 홍 대리의 휴대폰이 울렸다. 대한건설 관리팀에서 같이 근무하는 회사 동료의 전화였다.

"홍 대리, 혹시 자네 김연욱 소장님 밑에서 골프장 사업 해?"

현철은 순간 너무 놀란 나머지 대꾸할 말이 떠오르지 않았다.

"어? 그게 무슨……."

"엘리트 강지훈 회장이라는 사람이 어제 골프장 건설 문제로 본부장님이랑 미팅을 했는데, 그 자리에서 그랬다 던데? 김 소장님이랑 자네가 자꾸 찾아와서 같이 사업해 보자고 한다고……."

강 회장의 꿍꿍이는 결국 대한건설에 있었다. 강 회장 은 김연욱 소장을 제치고 대한건설과 직접 접촉하는 편이 낫다고 판단한 것이다. 그는 김연욱이라는 사람을 100퍼센 트 믿지 못하는 상태에서, 더욱이 주주 지분 문제로 자신의 회장 자리가 위태롭게 될 바에야 대한건설과 같은 큰 회사 에서 공사보증을 하고 공사를 진행하게 하는 게 자신에게 도 훨씬 유리할 거라 생각했다.

"내가 지금 운전 중이라……. 회사 들어가서 얘기해."

서둘러 전화를 끊은 홍 대리가 룸미러로 뒷자리에 앉은 김 소장의 기색을 살피는데 다시 벨소리가 울렸다. 이번엔 김연욱 소장의 휴대폰이었다.

"응, 자네가 갑자기 웬일인가? 뭐? 엘리트 강 회장이!"

김 소장도 방금 현철이 전해 들은 내용을 듣고 있는 게 분명했다. 붉으락푸르락하던 김연욱 소장의 얼굴이 어느 순간 창백해졌고, 이내 숨소리가 거칠어졌다. 대한건설의 제주 관련 사업에 대해선 김 소장이 거의 실무 총책임자였던 만큼, 아무리 본사에서의 미팅이었다 해도 제주 골프장 건설 건이라면 김 소장에게 정보가 들어오는 게 당연한 일이었다.

"강 회장이 우리를 속인 것 같습니다. 우리에게 팔 생각도 없으면서 우리를 이용해 몸값을 올리고, 결국 우리를 난처하게 만든 것입니다. 처음부터 잘못된 생각이었습니다."

결국 홍 대리는 사표를 내야 할 처지가 됐다. 그룹이 분리되면서 대한건설에 남아 있는 것 자체가 위태위태하던 차에 이번 일은 회사에 수족을 충분히 자를 만한 명분을 준 꼴이었다. 오전까지만 해도 김연욱 소장을 계속 도와야 할지를 고민하던 홍 대리에게 반나절도 안 돼 해답이 떨어진 것이다. 입맛이 썼다.

"홍 대리, 어떻게 그렇게 감쪽같이 속일 수가 있어?"

사무실 의자에 엉덩이 붙일 새도 없이 현철은 동료들에

게 둘러싸였다.

"난 홍 대리를 친형제처럼 대했는데 나한테까지 비밀이었다니, 섭섭한걸?"

"홍 대리는 좋겠어? 가뜩이나 계열사 분리다 뭐다 말들이 많은 판에 이 꼴 저 꼴 안 보게 되고……."

"나도 얼른 홍 대리처럼 내 살 궁리를 해야 되는데 말이야. 올해 과장 승진 대상이라서 어떻게든 붙어 있어야 하는 처지야."

힐난조의 말부터 부러움이 실린 투의 얘기까지, 현철의 퇴사는 기정사실처럼 받아들여지고 있었다. 핑계를 대고 도망치듯 사무실을 빠져나왔건만 이번엔 복도에서 만난 차 대리가 싱글벙글 말을 건넸다.

"혹시 거기 자리 하나 나면 나한테도 꼭 연락 줘!"

입사한 이후 계속 경쟁 관계에 있었던 차 대리에게까지 이런 말을 듣고 보니 동료들의 속내가 의심스러워졌다.

화장실 변기 뚜껑 위에 우두커니 앉아 이런저런 생각을 하고 있자니 힘이 쭉 빠졌다. 폭풍우가 몰아치는 허허벌판에 선 자신의 모습이 머릿속에 선명하게 그려져, 홍 대리는 두렵기까지 했다.

홍 대리의 퇴사가 이 정도로 동료들 사이에 회자되는

수준이라면 김연욱 소장은 말할 것도 없었다. 무엇보다 김 소장이 구의연 부회장의 직속이라는 점이 문제였다. 그렇잖아도 새로운 유 회장 측 인사들 사이에 끼어 있던 구의연 부회장의 입지는 김 소장 사건으로 더욱 위축될 수밖에 없을 것이다.

그날 밤, 김 소장은 구의연 부회장에게 직접 전화를 걸었다.

"이번 달까지만 회사에 나올 수 있을 것 같습니다."

김연욱 소장은 자신의 오랜 정신적 지주였던 구 부회장에게까지 구차한 변명을 늘어놓고 싶진 않았다. 전화기 너머로 오랜 침묵이 이어졌다. 그만큼 사태는 심각했다. 어쩌면 김 소장의 공공연한 후원자였다는 사실만으로 구 부회장의 위치가 흔들릴 수도 있는 상황이었다.

"자네도 그간 그룹 분리다 뭐다 해서 많이 힘들었겠지. 그래, 자네가 그럴 수밖에 없다는 걸 이해는 하네. 하지만 내가 손써주기에는 일이 너무 커져버린 것 같네."

"저 때문에 부회장님까지 곤란한 일을 겪을까 걱정입니다."

"난 염려 말고, 우선 자네부터 살길을 찾아봐야 하지 않겠나?"

김연욱 소장은 끝까지 자신을 배려하는 부회장의 모습에 더 죄스러운 마음이 들었다. 행여 다른 사람들 눈에 띌까 싶어 구 부회장을 직접 찾아뵙지도 못한 채 그렇게 전화로 인사를 전한 김 소장이었다. 그리고 그런 김 소장을 옆에서 지켜보는 홍 대리 역시 가슴이 먹먹해졌다.

■

"홍 대리님, 오늘도 파이팅!"

현철은 오늘도 '파이팅!' 소리를 들으며 출근길에 나섰다. 대한건설을 퇴사한 후, 매일 출근 때마다 남편에게 그 날 하루 즐거운 일만 가득하길 바라는 영란이 자신만의 주문을 외워주는 것이다.

"어떻게 뭉갤 순 없어? 꼭 사표를 내야 돼?"

그렇잖아도 임신 초기라 걱정이 많던 영란은 갑작스레 남편의 퇴사가 결정되자 며칠은 안절부절못하는가 싶더니 어느 날 불쑥 한약을 지어왔다. 대한건설이라는 울타리가 없어지고 맨땅에 헤딩을 하는 일만 남은 마당에, 다치지 않고 잘 헤딩하려면 체력이 중요하다는 이유에서였다.

"기필코 성공해야 돼! 보란 듯이!"

현철은 자기 일처럼 발을 동동 구르는 영란을 보며 새삼 부부는 일심동체란 말을 떠올렸다. 그 순간 머릿속에서 나 혼자라는 생각이 깨끗이 지워지면서 용기가 솟았다. 아내를 위해서, 또 태어날 아이를 위해서라도 지상 최대의 '파라다이스'로 꼭 바꾸고 말 것이다. 어찌 되든 내 인생의 새로운 장을 위해 있는 힘껏 최선을 다하자! 현철은 그렇게 다짐하며 주먹을 움켜쥐었다.

어쩌면 잘된 일일 수도 있다. 이번 기회가 아니었다면 뻔한 조직에서 뻔한 일을 하며, 수시로 구조조정의 칼날에 잘려나갈 것을 두려워하며 하루하루를 버티듯 살아가게 될 게 뻔했다. 그렇게 따분하고 비굴하게 사느니 한 번 사는 인생, 자신의 한계를 시험해 보며 스스로의 인생을 재단해 볼 기회를 움켜잡을 수 있게 된 것도 행운이라면 행운이라고 할 수 있었다.

더욱이 파라다이스의 김연욱 사장에게 이번 골프장 사업은 그야말로 40대의 반란이었다. 남들이 사오정이니 뭐니 인생의 비루한 내리막길이라 자조하고 있을 때 김연욱 사장은 자신의 평생을 건 도전을 감행한 것이다. 김연욱과 홍현철은 이제 자신들의 꿈을 걸고 환상의 복식조로 다시 태어나 새로이 사업을 꾸려갈 준비를 하고 있었다.

기업의 역사는 위기와 극복의 역사고 위기는 극복하기 위해 존재한다고 생각하자, 위기 속에서 기회가 보이기 시작했다.

조속한 사업 진행이 이루어지지 않으면 골프장 인허가를 취소하겠다는 도청의 공표가 나오자, 자금력이 안 되는 사업 예정지를 중심으로 하나둘 매물이 나왔다. 홍 대리는 파라다이스의 김연욱 사장을 도와 매각설이 나도는 부지를 돌아다니면서 골프장으로 가장 적합한 지역을 물색했다. 그리고 다행히 눈에 꼭 들어오는 사업 예정지를 찾아낼 수 있었다.

10여 년 전 관광지구로 지정된 북군 성산읍 일대의 성산봉관광지구 개발은 10년이 넘도록 여러 사업주들의 손을 거치면서 미뤄지고 있었다. 광주에 주소를 둔 라인건설이라는 기업이 관광지 개발을 할 목적으로 군유지 매입계약을 체결한 이래로 매번 주민의 이권과 부딪쳤기 때문이다. 생태적, 역사적 중요성을 내세우며 개발을 반대하는 시민단체들의 반발을 겪으면서 개발은 시작도 못 한 채 다른 사업주들에게 개발권이 넘어가곤 했다.

수차례 그렇게 사업주가 바뀌다 보니 지역주민들의 반

응도 냉랭해졌다. 그동안 부동산 투기 목적으로 땅값만 노렸던 사업주들도 여럿 있었기 때문인지 새로운 사업주가 나타나도 일단은 의심부터 하고 들며 비협조적으로 나왔다. 그런데 바로 이 점이 오히려 김연욱 사장이나 현철에겐 기회로 작용할 수도 있었다. 20년 대한건설 현장소장 경력을 통해 터득한 김연욱 사장만의 지역주민 설득 노하우가 빛을 발할 때였다.

시작하기로 마음먹은 이상은 스피드가 생명이었다. 엘리트도 그랬지만 대규모 리조트 개발 사업은 한번 지지부진해지기 시작하면 엿가락처럼 끝도 없이 늘어지다 결국 삽질 한번 못 하고 손을 놓게 되기 때문이다.

이런저런 문제와 이유를 끄집어내면서 지역 주민단체들이 주민들의 반대여론을 형성하고 있는 가운데, 현철은 골프장을 세울 지역인 김녕에 별도 사무실을 내어 김연욱 사장을 보좌하면서 주민들을 만나기 시작했다.

드디어 성산봉관광지구 개발권을 인수하는 주식양수도 계약서를 쓰게 된 날, 김연욱 사장과 홍 대리는 마을회관에 지역단체 소속 주민들과 동네 어른들을 모아놓고 '주민과의 대화' 시간을 가졌다.

김연욱이 주민들을 향해 큰절을 올리며 인사말을 시작

했다.

"이장님과 청년회장님, 그리고 지역주민 어르신들, 그동안 성산봉관광지구 개발 문제와 관련해 실망감과 허탈감을 많이 느끼셨을 겁니다. 저는 20년 이상을 리조트 개발현장에서 몸으로 뛰어왔습니다. 제가 이 자리에서 약속할 수 있는 것은 저희 파라다이스가 여러분이 전에 봐왔던 개발업체들과는 분명 다른 모습을 보여드릴 거라는 겁니다. 여러분 앞에서 맹세하건데, 파라다이스는 기필코 성산봉관광지구를 개발해, 그동안 소외되었던 이 지역을 제주에서 가장 살기 좋은 동네로 만들어 보일 것입니다."

김연욱 사장이 인사말을 하는 내내 주민들의 반응은 냉담했다. 드문드문 몇몇 주민들이 마지못해 그저 몇 번 손바닥을 부딪쳐 주는 정도가 고작이었다.

주민들의 눈엔 김연욱 사장도 이전 개발자들과 다르지 않아 보였던 것이다. 10여 년 이상을 개발한다고 왔다가 땅 투기만 일삼고 가버린 업체들을 보면서 기대했다 실망하는 일을 반복했을 테고, 이젠 누가 개발한다고 해도 그저 잠시 왔다 가는 사람이라고 생각하게 됐기 때문이었다.

단상에서 내려온 김연욱 사장과 현철은 준비한 떡과 음료수를 주민들과 함께 나눠 먹으면서 화기애애한 분위기로 자신들의 사업계획을 설명해 나갔다.

"각종 환경처리 시설을 설치하고 지속적인 사후관리를 해나가겠습니다."

지역주민들이 개발을 반대하는 가장 큰 이유가 골프장에서 쓰는 각종 농약이나 폐수로 인한 지역의 환경오염 문제인 만큼 김 사장과 현철은 이에 대한 대책을 내놓기로 했다.

"이전 사업주들도 다들 그렇게 얘기했죠. 근데 결국 그 사람들이 한 거라곤 투기밖에 없었습니다."

지역 청년회장이 냉소적인 투로 나섰다.

"하지만 저희는 다릅니다. 한번 믿어주세요."

현철이 말문이 막힌 채로 어찌할 바를 모르고 있을 때 김연욱 사장은 이렇게 농담조로 청년회장에게 대꾸를 했다. 갑작스레 썰렁해진 분위기를 쇄신하려는 의도였지만 이번에도 역시 반응은 똑같았다.

"한번 믿어달라는 소리, 이제껏 골백번도 더 들었네요."

부녀회장의 퉁명스런 말엔 현철이 다 무안할 노릇이었다.

그러나 김연욱 사장은 달랐다.

"그럼 그 골백번에 딱 한 번만 더해서 믿어봐 주세요. 이제껏 골백번 믿었는데 딱 한 번 더 믿는 거 어렵지 않잖아요?"

김 사장의 농담은 분위기를 누그러뜨렸다.

그날 이후로 김 사장은 지역주민들과의 만남을 늘렸고, 그와 동시에 홍 대리도 바빠졌다. 지역행사의 뒤풀이에도 가능한 빠지지 않으려 애썼고 청년회 등 지역단체 회원들을 대접하는 데도 신경을 썼다. 때론 고깃집으로, 때론 술집으로 향하며 김 사장은 주민들과의 접촉 빈도를 늘리려 노력했고, 그때마다 소탈한 면모로 주민들과의 벽을 하나씩 허물어나갔다. 또한 지인의 도움을 받아 도청 공무원들을 설득하는 데도 힘썼다.

그런 노력이 빛을 발한 덕인지 김연욱 사장과 홍 대리가 주민들과 첫 만남을 가진 이후로 6개월 만에 골프장 인허가 절차가 완료됐다. 10년 넘게 질질 끌면서 수많은 업체들이 중도에 포기했던 성산봉관광지구 개발의 첫 단추를 김연욱 사장과 홍 대리가 드디어 끼운 것이다.

"펑!"

샴페인을 터뜨리며 김 사장과 홍 대리는 자축했다.

"수고했네! 홍 대리, 자네가 없었으면 결코 하지 못했을 거야."

"뭘요. 제가 한 게 뭐 있다고요. 사장님 노고가 컸죠."

그렇게 두 사람은 함께 기쁨을 나누었다.

홍 대리는 이제껏 회사를 다닐 때와는 사뭇 다른 성취감을 느꼈다. 주어진 일만 하는 게 아니라 처음 시작부터 자신의 온 힘을 다해 이루어낸 결과 앞에 그야말로 하늘을 날아다니는 기분을 느꼈다. 김연욱 사장 또한 감격에 겨운 표정으로 마음껏 자축했다. 그러나 김연욱 사장의 그런 모습을 다시 보기까지 그토록 오랜 시간이 걸릴 거라고는, 지금의 홍 대리로서는 전혀 예상하지 못했다.

회원권은
부채인가,
자산인가?

"골프장 살생부 리스트?"

골프장을 개발한 지도 어느덧 5년이 지났다. 회사가 빠르게 성장한 만큼 현철도 예전의 현철이 아니었다. 이제는 파라다이스에서 재무를 담당하는, 실장이라는 막중한 임무를 맡고 있었다.

홍현철 실장의 업무보고를 받던 김연욱 사장이 되물었다.

"5년 기한으로 회원권을 분양했던 골프장들이 일제히 올해 말에 입회금 반환 시기가 몰려 있는 상황이라 그런 리스트가 도는 것 같습니다. 원체 경기가 안 좋아서 입회금 반환 사태를 막아내지 못하고 도산하는 골프장들이 있을 거라는 예측입니다."

코로나19로 해외여행이 막히자 국내 골프장으로 손님들이 몰렸고 이는 회원권 반환 사태로 이어졌다. 골프장 입장에서는 수익성이 낮은 회원제 골프장보다는 높은 수입을 가져다주는 대중제 골프장으로 바꾸기를 시도하였고 수익성이 떨어지는 회원들의 예약을 제한하기 시작했다. 그러자 회원들은 비회원들보다도 예약을 안 해준다는 소문이 커지자 회원으로서의 대우를 받지 못한다는 이유로 입회금 반환 요청을 하고 나섰다. 코로나19로 인한 특수는 잘나가는 골프장에 해당하는 것이었다. 회원 비중이 높은 골프장은 속 빈 강정일 뿐이었다.

엔데믹이 도래한 지금, 골퍼들도 자유롭게 해외로 나가고 있는 마당에 제대로 마련된 대비책이 없었다. 대부분의 골프장이 캐디 관리 비용을 절감하고 골퍼들이 요금 인하 효과를 누릴 수 있도록 노no 캐디 골프장을 시작했다. 코로나 사태로 방역이라는 가치가 중요해지면서 노 캐디 골프장에 대한 관심이 높아져 파라다이스도 고려 중인 사항이었다. 그러나 노 캐디로 인한 골퍼들의 안전 문제 역시 도마에 오르고 있어서 쉽게 결정하지 못하고 있었다.

"우리도 그 리스트에 끼어 있나?"

"떠도는 리스트들이 원체 여러 개라서요……. 어떤 리스트에는 끼어 있고 어떤 리스트엔 아니고, 그렇습니다."

김 사장이 한숨을 내뱉는 사이 홍 실장의 보고가 이어졌다.

"얼마 전 발표된 회원권 기준 시가가 직전 발표일인 2월 대비 무려 20퍼센트 이상 급락했습니다. 회원권 거래소들도 건당 3~5퍼센트 정도 되는 마진도 남기지 않은 채 겨우 거래만 성사시키고 있는 상황이라고 합니다."

"뭐 좋은 방법 없겠나?"

순간 현철의 말문이 탁 막혀왔다. 지난 5년 동안 파라다이스의 실장 자리까지 왔지만 여전히 현철은 위기 타결책을 제시하기엔 전문적인 지식이나 실무적인 면에서 아직 부족한 감이 있었다.

김연욱 사장은 리조트 사정이 안 좋아지자 현철을 비롯해 부하 직원들을 옥죄기 시작했다. 사람의 마음은 환경에 따라 변하기 마련이다. 후덕하기로 소문난 김연욱 사장의 예민해진 말과 행동은 그의 고뇌를 그대로 보여주고 있었다.

"인근 선힐스에서는 입회금 반환 문제로 은행에 긴급 융자를 신청했다고 합니다."

현철은 급한 대로 선힐스 얘기를 꺼냈다. 당장 해결책으로 내놓을 수 있는 거라곤 누구는 어떻게 했다더라는 이야기 정도였다.

"선힐스?"

김연욱 사장은 지난달 술자리에서 만났던 선힐스 골프장의 고부영 사장을 떠올렸다.

"만기가 되더라도 회원들이 반환 요청을 하지 않으면 걱정할 건 없잖은가?"

"사람마다 전문 분야가 따로 있는 모양이구만. 김 사장은 오랫동안 개발 쪽에서만 일해서 골프장 운영 쪽은 잘 모르는가 보군."

고 사장은 마치 학생을 가르치듯 자신의 경험을 풀어놓았다.

"물론 회원권 가격이 상승세를 보일 때는 입회금 반환 시기가 오든 말든 상관이 없지. 그땐 회원들은 무료로 골프를 즐기면서 회원권 시세차익까지 노릴 수 있으니까. 하지만 회원권 가격이 하락세에 접어들면서 문제가 달라졌어. 회원들의 호주머니를 마음대로 조작하던 시대는 끝난 거지."

파라다이스 골프장 역시 회원권 분양 시기와 종전에 분양했던 회원권의 반환 시기가 가까워지고 있었다. 이런 시점에서 입회금 반환 문제는 대수롭게 넘길 수 있는 문제가 아니었다.

결국 경기 불황과 골프장 공급과잉, 입회금 반환이라는 삼중고가 맞물려 골프장 시장은 하루가 멀다 하고 살얼음판이 되어가고 있었다.

"선힐스가 결국 입회금을 반환해 줬단 말이군?"

"예, 대신 3000만 원에 재분양해서 위기는 넘겼다고 합니다."

현철의 대답에 김연욱 사장의 표정이 살짝 일그러졌다. 김 사장의 안색을 살피며 현철은 그가 지금 자신과 같은 생각을 하고 있음을 알 수 있었다. 바로 저가경쟁이었다. 선힐스의 재분양가 3000만 원은 최초 분양가 1억 5000만 원의 5분의 1에 해당하는 액수였던 만큼, 이제 선힐스를 시작으로 골프장 시장에 저가경쟁이 불어닥칠 건 분명해 보였다. 이런 상황에서 파라다이스가 자금 확보를 위해 회원권 분양을 더 증가시키기란 힘든 일이었다. 그렇다고 김연욱 사장이 선힐스의 방침에 편승할 리 없다는 걸 현철은 모르지 않았다. 골프장의 회원권 가격을 3000만 원까지 떨어뜨린다는 건 김연욱 사장으로선 도저히 용납할 수 없는 일이었다.

회원제 골프장의 상당수가 회원들에게 골프장 코스 사용료인 그린피를 면제해 주고 있어 적은 매출로 세금과 인건비, 관리비 등을 내고 나면 남는 게 없었다. 입회금 반환 폭탄이 언제 터질지 몰라 전전긍긍하는 골프장들은 입회금과 시세의 차이만 돌려주고 계약을 연장하거나 골프장끼리 회원을 공유하는 방식으로 지금의 위기를 모면하고 있었다.

파라다이스에서 나온 의견은 주주회원을 모집하자는 것이었다. 재산으로서 회원권의 가치가 점점 낮아지고 있으니 이제 회사의 지분으로 투자를 유도하자는 것이었다.

"회원으로서의 권리를 줬는데 거기다 주주로서의 권리까지 주자는 건가?"

김 사장은 지나친 거 아니냐는 표정으로 물었다.

"지금 시장 상황을 감안한다면 그 정도는 양보해야 파라다이스가 살 수 있습니다."

김연욱 사장은 쉽게 결정하지 못하고 깊은 한숨을 내쉬었다.

그날 밤, 현철은 밤새 고민한 끝에 좀 더 구체적인 방안을 찾아냈다. 자본과 부채의 성격을 모두 갖고 있는 전환사채나 신주인수권부사채를 응용해 주주회원이라는 카드를 꺼내놓은 것이다.

그러나 주식을 주면서 자금을 조달하는 방법은 말처럼 간단한 게 아니었다. 성산봉관광지구를 처음 개발할 때 파라다이스 이름으로 기존 개발업체의 주식을 인수했기 때문에 현재 회사의 대주주는 파라다이스였다. 파라다이스의 대주주는 김연욱 사장이지만 처음 회사를 세울 때 5억 원씩 소액투자자들을 모집하면서 주주로서의 권리도 같이 주었기 때문에 이 주주들이 어떻게 나올지 의문이었다.

"아무리 차용증 한 장 없이 5억 원씩이나 되는 돈을 내주었다 하더라도 그 사람들 의견도 안 들어보고 우리끼리 결정할 수는 없으니, 조만간 이 안건을 가지고 주주총회를 열도록 하지."

이에 홍 실장이 어색한 미소로 입을 뗐다.

"사장님, 주주총회는 걱정하지 않으셔도 됩니다."

"그게 무슨 말인가?"

"파라다이스를 처음 설립할 때 투자자들로부터 받은 돈은 모두 차입금 형식으로 처리됐습니다. 그러니까 주주로서의 권리를 준 게 아니라 채권자로서의 권리를 준 것이죠. 따라서 그분들에게는 실질적인 경영에 참여할 권리는 없고, 저희 쪽에서도 원금과 이자를 상환하기만 하면 되는 겁니다."

"그게 정말인가?"

전혀 생각도 못한 일이라 김 사장의 눈이 휘둥그레졌다. 사실 이는 현철 역시 까마득히 잊고 있었던 일이었다. 김연욱 사장은 소액투자자를 모집하면서 주주로서의 권리를 준다고 약속했지만, 리조트를 건설하고 회원권을 분양하고 다시 리조트를 경영하느라 그 약속은 이제껏 서류상으로 이루어지지 않았던 것이다. 홍 실장 또한 처음으로 뛰어든 사업에 하루하루 정신이 없었던 나머지 회사를 창립할 때 모은 투자금 처리 문제는 신경 쓸 틈이 없었다. 다만 어제 주주회원 아이디어를 떠올리면서 주주총회까지 기억을 소환했고, 그제서야 처음의 소액투자자들이 떠올랐던 것이다.

"자네 말은 알겠는데 그와 관련한 서류가 있나? 서류를 봐야 확실하지 않겠어?"

"차입금 형태로 처리한 건 확실한데 서류는……."

컨테이너 사무실에서부터 지금의 파라다이스 리조트가

세워지기까지 여러 차례 사무실 이전을 거듭하면서 서류 파일들은 상당 부분 분실되었다. 이때 퍼뜩 서류를 찾을 방도가 떠올랐다.

"아, 홍영호 회계사한테 연락을 하면 어떻게 서류가 정리됐는지 확인할 수 있을 겁니다."

"그렇지. 그렇게 하면 되겠네."

서류상에 하자가 없다면 주주총회도 걱정할 문제가 아니었다.

"사장님이 대주주시니 사장님의 생각을 변호사에게 전해서 주주총회 의사록만 작성하면 될 것 같습니다."

홍 실장은 김연욱의 표정이 시무룩해지는 것을 눈치챘다. 아마도 사장은 마음이 개운하지 않은 듯했다. 자신을 믿고 투자해 준 사람들에게 한 약속을 지금껏 잊고 있었다니. 서류상의 옳고 그름을 떠나 김연욱 사장은 스스로에 대해 적잖은 실망감을 느끼고 있었다. 언제나 사람을 중요시해 왔다고 자부했건만 어쩌다 이런 실수를 했을까 싶었던 것이다.

어떤 기업이 자본비용 이상으로

이익을 내지 않는다면,

그 기업은

적자를 보고 있는 것이다.

- 피터 드러커

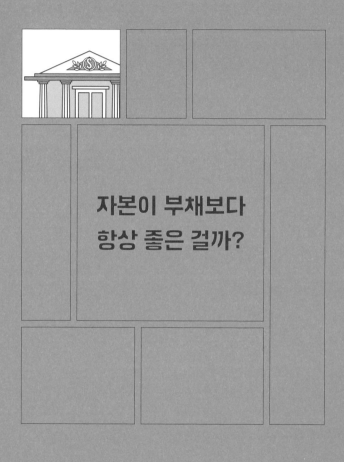

자본이 부채보다
항상 좋은 걸까?

"머니 바이블 블로그에서
더 많은 회계 꿀팁을 전수해 드립니다."

"정말 오랜만이네. 그동안 연락도 한번 안 하고, 내가 얼마나 서운했는지 아는가?"

파라다이스가 급격하게 성장한 5년 동안 홍영호 회계사는 제주를 기반으로 하여 전국적으로 사업을 확장하고 있었고 책과 강의로 큰 명성을 얻었다.

김연욱 사장은 그런 홍영호 회계사에게서 한참 동안 소식이 없자 제주를 완전히 떠난 줄 알았던 것이다. 그동안 보지는 않았더라도 홍영호 회계사가 어떻게 지냈는지 알고도 남는다는 듯 김연욱 사장의 얼굴에는 반가운 기색이 역력했다.

"파라다이스가 점점 성장하다 보니 제 역량 이상으로

커져서 제가 더 이상 도와드릴 게 없을 것 같더라고요."

"나도 많이 바빠서 연락도 못 했네. 홍 실장 통해 자네 소식은 듣긴 했지만, 사업이랍시고 하다 보니 좀 바빴어야 말이지. 아무튼 이렇게 와줘서 고맙네. 모처럼 내려온 김에 우리 리조트에서 푹 쉬다 가게나."

홍 회계사는 현철과 김연욱 사장이 둘러앉은 테이블에 준비해 온 서류들을 올려놓았다. 사업 초창기 김연욱 사장이 세웠던 사업계획서를 비롯해 강지훈 엘리트 회장과의 투자계약서, 소액투자자들에 대한 차입약정서까지. 서류에는 파라다이스의 역사가 고스란히 보관되어 있었다. 이어 홍 회계사는 파라다이스에 투자했던 개인투자자 20~30명의 총투자 금액 100억~150억 원에 관한 회계처리와 조달 방안(증자 또는 차입)의 문제점에 대해 자신이 작성한 보고서를 꺼냈다.

"그 당시 투자 금액은 개개의 투자자들로부터 5억 원씩 입금될 예정이었으며, 일시에 들어오는 상황이 아니었기 때문에 파라다이스에서 토지를 매입하는 시점까지는 법인의 재산이 아무것도 없었던 것과 마찬가지였습니다. 그런 만큼 주식 가격을 얼마로 산정하느냐를 결정하기가 힘들었습니다."

홍 회계사의 얘기를 듣고 있자니 자연스레 김연욱 사장과 홍현철 실장의 머릿속에도 5년 전 일들이 떠오르기 시작했다.

"거기다 소액투자자들을 몇 명이나 모집할 수 있을지도 가늠할 수가 없었지. 그래서 우선은 자본금으로 20억을 증자하고 나머지 투자금은 법인 차입금으로 처리하기로 했고……."

홍 실장이 옛일을 생각하며 덧붙이듯 말했다.

"지분 정리는 차후에 기업가치를 적정하게 평가해서 일괄적으로 하는 게 바람직할 것으로 논의했었습니다."

두 사람의 말을 듣고 있던 김연욱 사장은 고개를 끄덕거렸다.

처음에 투자자들을 유치할 땐 골프장 회원권과 함께 주주로서의 권리를 주기로 가닥을 잡았다가 나중엔 투자자들의 재산권 확보를 고려해 토지 소유까지 약정했다. 투자자 대부분은 김연욱이라는 사람에 대한 신뢰 하나로 차용증서 없이 순순히 투자를 했다.

김연욱은 바쁜 일정 때문에 투자금이 들어오고 6개월이 지나서야 차용증서를 담당 변호사를 통해 작성해 투자자들에게 보냈고, 연 10퍼센트의 확정이자까지 지급하는 조건을 달았다. 그런데 주주로서의 권익 인정과 토지 소유권을 내주겠다고 했던 그 약속은 아직껏 지켜지지 않았다. 김연욱 사장은 지키지 못한 약속을 지금이라도 지키고 싶었다. 이건 신의가 걸린 문제였다.

홍영호 회계사가 차입금 처리 방안을 두고 고민하는 김 사장의 입장을 생각해 조언했다.

"증자의 경우엔 주식가치 평가 문제와 지분율 조정 문제가 복잡하고 의사결정에 참여해 사업 추진이 느려질 수 있지만, 사업이 실패할 때 대표이사의 책임이 줄어듭니다. 한편 차입의 경우엔 일정한 이자만 지급한다면 의사결정에 있어 자유로운 장점이 있지만, 차입약정에 따른 책임을 개인적으로 저야 합니다."

홍영호 회계사의 말을 묵묵히 듣고만 있던 김연욱 사장이 드디어 입을 열었다.

"소액투자자들 개개인의 투자금 5억 중 2억 원은 회원권으로 주고 나머지 3억 원은 약속했던 대로 리조트 토지로 주기로 하지."

부채와 자본의 차이는 명백하지만 때로 회사들을 혼란스럽게 한다. 많은 회사들이 부채는 갚아야 하는 것이고 자본은 갚지 않아도 되는 공돈이라고 생각한다. 또 부채를 대출금 정도로 좁게 보고 있기도 하다. 회원권이나 물건을 팔고 받은 계약금을 부채로 기록한다는 사실에 전혀 공감하지 못하는 사람도 많다. 그러나 부채는 앞으로 갚아야 할 의무가 있는 것이므로 반환 의무가 있는 회원권이나 나중에 물건을 인도해야 할 의무를 지고 받은 계약금도 부채로 보고 기록해야 하는 것이다.

홍 실장은 혼란스러웠다. 왜 굳이 회원권을 자본이 아닌 부채로 분류되도록 반환 의무를 지워서 분양하고 있을까?

김연욱 사장의 만류에도 불구하고 홍 회계사는 회의를 끝내자마자 곧장 서울행 비행기를 타기 위해 공항으로 향했다. 배웅을 위해 같이 차를 탄 현철이 궁금증을 참지 못하고 질문을 하기 시작했다.

"영호야, 부채보다 자본이 더 좋은 거 아냐?"

"왜 그렇게 생각하는데?"

"그야 회사 입장에서 보자면 부채는 상환해야 할 돈이지만, 자본은 이자를 주는 것도 아니고 원금도 갚지 않아도 되잖아?"

"부채보다 자본이 좋다고 생각하는 것은 부채가 많거나 손실이 나는 회사의 경우겠지. 부채비율이 너무 높아지면 신용도도 떨어질 수 있고, 원리금 갚는 데도 부담이 되고, 추가적인 자금을 조달하는 데도 문제가 될 수 있으니까. 하지만 이익이 많이 나고 재산이 많은 회사는 상황이 달라. 예를 들어볼게. 너는 돈이 있으면 은행에 넣어둘래, 아님 파라다이스 주식을 살래?"

현철은 영호의 질문에 머쓱한 얼굴로 대답했다.

"당연히 은행에 넣어두지."

회사 직원이, 그것도 자신의 오른팔인 현철마저 회사보다 은행을 더 믿고 있다는 걸 안다면 사장이 기분 좋을 리는 없겠지만, 현실은 현실이었다.

"왜? 왜 은행에 넣어두려는 건데?"

"그야 우리 회사는 아직까진 불안하잖아. 그에 비하면 은행은 훨씬 안전하지."

"맞아. 그럴 수 있지. 근데 너희 회사에서 매년 20퍼센트 정도 배당을 준다면 어떻게 할 거야?"

요즘 금리가 많이 낮아져 세금을 떼고 나면 물가상승률에도 못 미치는 낮은 금리가 보통인데 회사가 아무리 불안하다고 해도 20퍼센트의 배당이라면 상당히 매력적인 금액이었다. 은행 예금을 포기하는 데 따른 기회비용보다 주식을 구입해 얻는 이익이 훨씬 더 컸다.

"20퍼센트라면 한번 생각해 볼 만하지."

"넌 회사가 불안하니까 그 위험성을 이유로 주식에 대해 은행 이자보다 훨씬 높은 수익을 기대하는 셈인 건데, 반대로 회사 입장에선 이자만 주면 그만인 채권자보다 주주들에게 더 많은 대가를 줘야 한다는 얘기가 되지."

홍 회계사의 말을 들어보니 이해가 됐다. 주주자본에 드는 비용인 자기자본비용이 부채조달 대가로 지급하는 타인자본비용보다 훨씬 높은데, 그 이유는 안정성에 있었다. 채권자들은 원금 상환 기한이 정해져 있기 때문에 어느 정도 안정적인 원금보장이 이뤄지지만, 주주는 원금을 상환받을 기한이 정해져 있지 않아서 위험도가 더 높았다. 결국 그렇기 때문에 높은 위험부담을 안고 있는 주주자본 보유자들은 채권자보다 그만큼 더 많은 이익을 기대하고 요구할 수 있는 것이다. 결국 투자자는 자신의 원금과 적정한 이익을 기대하고 주주로 참여했을 것이기 때문이다.

"그래서 기업 입장에선 부채보다 주주한테 들어가는 비용이 더 큰 거로군."

홍 회계사는 위험에 대해 힘주어 강조하고 있었다.

"위험은, 어떤 문제가 있다는 것보다는 오히려 무엇이 문제인지를 모르는 거지. 결국 위험이란 미래에 대한 불확실성인 거야. 미래에 어떤 일이 일어날지는 아무도 모르지만 대비할 수는 있지. 어떤 일이 일어나도 대처하는 법을 배운다면 그건 더 이상 위험이 아닐 거야."

설명을 이해한 듯 고개를 끄덕이며 말하는 현철을 보며 홍 회계사는 추가적인 설명을 덧붙였다.

"투자자들은 주주로서의 권리를 갖고 싶어 하는 욕망이 있어. 과거에 우리나라 기업들은 주로 차입금으로 자금을 조달해 사업하는 방식이 많았거든. 그래서 부채비율이 400퍼센트가 넘는 대기업들도 흔했고. 그런데 금융위기를 거치면서 부채가 문제가 된다는 게 사회 전반적으로 알려지기 시작했고, 동시에 자금 상태가 나쁜 회사들의 부실을 틈타 외국인 주주들이 물밀듯이 들어왔지. 그 후로 외국인 지분율이 50퍼센트가 넘어가는 대기업들도 등장했고. 그러다 보니 금융위기 이후 대기업들이 벌어들인 이익의 상당 부분이 현재 외국으로 빠져나가게 된 거야."

외국인 주주들은 배당과 자사주매입 등의 형태로 자신들의 투자수익을 회수해 가고 있었던 것이다.

'주주는 기업의 주인'이라는 관념에 사로잡혀 회사는 주주에게 현금지급기처럼 배당을 지급했다. 주주제일주의 아래에서 직원이나 고객 같은 이해관계자들의 이익은 묵

살당하기 쉬웠다. 소비자나 직원의 이익이 주주가치 극대화의 희생양으로 전락한다면 이들 간의 균형이 깨지고, 결국 단기적인 주가 끌어올리기에 치중하게 되어 장기적인 성장잠재력도 떨어질 것이다. 그렇게 발생한 주식 시세차익은 외국인 투자자들의 배만 불려줄 뿐이었다.

회사보다 개인의 이익을 더 중시하는 주주들이 늘어나고 있었다. 주주 스스로가 회사의 주인이기를 거부하고 주가 올리기에만 전념하다가 주식을 팔아 시세차익을 얻을 목적뿐이니, 회사는 이런 주주에게 지불하는 비용이 높아질 수밖에 없었다. 이렇게 회사의 이익을 모두 주주관리비용으로 쏟느라 허리가 휠 지경에 이르자 자진해서 상장을 폐지하는 회사가 생기기 시작했다. 주식회사의 목적은 사라지고 주주와 회사는 각기 다른 길로 가면서 서로 체력만 소모시키고 있었다.

"옛날에는 은행 때문에 회사가 망했다면, 지금은 주주 때문에 회사가 망할 지경인 거지."

"결국 돈 버는 건 주주들이었어? 나는 알지도 못하고 본 적도 없는 주주들의 재산을 불려주려고 이렇게 개고생하고 있는 거고."

"그래서 자본가의 역할이 중요한 거야. 자본가들이 좋

은 회사에 투자해야 사회에 좋은 영향을 주니까."

'이르는 곳마다 주인이 되면 서 있는 곳마다 모두 참되다'는 말이 생각났다. 주인이 된다는 것. 그것은 자신이 원하는 삶을 사는 것이었다. 그렇다면 나는, 우리는 어떤 존재일까. 주인일까, 주인이 아닌 사람들일까.

파라다이스의 현재 상황은 그다지 나쁘지는 않았다. 토지 소유권을 이전해 준다 하더라도 골프장 부지의 토지를 투자자 개인이 팔기란 사실상 불가능하다. 골프장이 되면서 땅값이 올라간 것은 사실이지만, 이는 골프장 전체 부지를 평가했을 때의 얘기지 골프장에서 어느 일부분을 뚝 떼어냈을 때는 또 얘기가 달라진다. 골프장 내의 토지 일부만을 구입하겠다는 사람 역시 없을 터였다. 즉, 토지와 회원권을 갖게 된 회원들의 입장에선 자신의 투자에 대한 위험이 상대적으로 낮아졌다고 할 수 있다. 위험이 감소했다는 말은 결국은 회사가 투자자들에게 지급해야 할 비용, 즉 자기자본비용이 줄어드는 것이나 다름없었다. 특히 저성장 저금리 시대에 접어들면서 자금조달비용을 낮추기 위해서는 저원가성 고객, 즉 조금이라도 자금조달비용이 싼 자금을 유치하는 것이 급선무였고, 이들을 찾아 어느 곳이라도 가야 하는 상황이었다.

현철이 이해하기 시작한 자금조달 비용은 기업가치를 평가하는 데 있어 중요한 요소 중 하나였다. 회사의 위험이 줄어야 기업가치가 높아지는데, 위험을 줄인다는 것은 자금조달 비용이 줄어든다는 것이다. 결국 자금조달 비용을 낮춰야 기업가치가 높아진다는 사실을 현철도 어렴풋이 깨닫기 시작했다. 여기에는 부작용도 있었다. 저금리 기조로 돈이 풀리면서 자산가치에 거품이 꼈을 뿐 아니라 모든 투자상품의 가격도 상승하고 있었기 때문이다.

불필요한 것을 사게 되면

필요한 것을 팔게 된다.

- B. 프랭클린

유동성을
확보하라

대한건설은 다시 위기를 맞고 있었다. 4월, 만기가 돌아오는 회사채 5000억 원을 갚지 못할 것이라는 '4월 위기설'이 돌고 있었다. 작년 말 아파트 재건축 현장에서의 건물 붕괴 사고가 시발점이었다. 중대재해처벌법 시행을 앞두고 터진 붕괴 사고로 대한건설이 입은 타격은 컸다. 아파트 분양지연에 따른 배상금과 사망자 유족에 대한 보상금, 재공사로 인한 손실이 4000억 원에 달할 예정이었다.

자본감소는 시공능력평가에서 가장 큰 비중을 차지하는 경영평가액에 대한 마이너스이기 때문에 정부 입찰 등에서 불리한 요소로 작용할 수 있었다. 수십 년간 지켜왔던 브랜드평판이 바닥으로 떨어졌고 수주 감소에 따른 실적 악화가 불가피했다.

중대재해처벌법 시행과 금리인상에 따른 부동산경기 피크아웃 등 악재가 이어져 건설채 시장도 얼어붙었다. 리스크가 너무 커지니 대한건설은 사고율 높은 고령 기술자를 꺼리기 시작했다. 하도급노조 파업도 지속되고 있었다. 그동안 공적자금을 1조 원 이상 지원한 정부도 파업이 이어질 경우 추가 자금 지원이 없다고 공언한 상황이었다. 게다가 올해 회사채 상환 일정이 줄줄이 잡혀 있어서 '돈맥경화' 우려도 확산되고 있었다. 빚을 내서 운영자금을 대는 돌려막기도 어려운 상황이었다. 시가총액도 작년 붕괴 사고 이전에 비해 절반 이하로 떨어졌다.

회사 사명을 대한이앤씨(E&C)로 바꾼 것도 이와 무관하지 않았다. 건설이라는 단어는 새 먹거리를 담아내기에 한계가 있었고 건설업의 올드한 이미지 역시 탈피해야 했다. 주택 토목 사업 분야의 업황이 나빠지는 추세이기도 해서 '건설' 대신 환경과 도전Eco&Challenge을 의미하는 '이앤씨'를 넣었다. 기업가치를 높이려는 의도였다.

경기 위축으로 인해 주요 거래처들이 차일피일 현금 지급을 미루면서 지난해 말 1조 8900억 원 수준이던 대한건설의 매출채권 규모는 1년 새 두 배 가까이 급증했다.

구의연 부회장은 다급해지기 시작했다. 우선 현금부터

모아야 했다. 현금이 있으면 시간을 만들 수 있고, 시간이 있으면 여러 가지 선택지가 생기기 때문이다.

구 부회장은 이달 들어서만 세 차례 해외 출장을 나가 현지법인 거래처의 신용 정보를 직접 눈으로 확인했다. 매출채권 회수 스케줄까지 일일이 확인했다. 구 부회장은 최근 출자사 경영 회의에서 "가장 중요한 것은 현금이니 계열사들은 건전한 현금흐름에 초점을 두고 매출채권과 재고자산을 철저히 관리해 달라"라고 강도 높게 주문했다.

"4분기 들어 재고일수를 줄이고 공급망관리SCM를 강화하는 등 매출채권을 줄이기 위해 노력하고 있습니다."

자금 담당 재무이사가 매출채권 회수 방안의 일환으로 업무보고를 했다.

"현금이 바닥나기까지 얼마나 남았죠?"

"두 달입니다."

"두 달이라……."

그때 생산 담당 재무이사가 나섰다.

"생산 쪽에서도 바짝 허리띠를 죄고 있습니다. 우선 건설에서 최종 판매까지 평균 4개월 안팎이 소요되던 재고일수를 올해 들어 두 달 이상 줄인 상태입니다."

회사 전체가 매출채권 회수와 재고자산 감소에 매달리

고 있었지만, 현재의 위기를 돌파하려면 그것만으로는 부족했다. 신규 수주를 통해 선수금을 받거나 건설 중인 공사의 대금을 미리 받는 방법으로 돌아오는 사채를 틀어막는 동시에 강도 높은 구조조정이 이루어져야 했다.

정부도 자금지원보다는 다양한 구조조정 대책을 내놓으라고 압박하기 시작했다. 구조조정이 제대로 되지 않을 경우 독립이 불가능한 것으로 보고 분리매각 수순을 밟을 것이 분명해 보였다. 빨리 큰 건설회사 하나가 망했으면 좋겠다는 이야기도 들렸다. 대한건설을 두고 한 이야기였다. 업계에서 아우성이 쏟아져도 정부 반응이 없으니까 대한건설의 부도나 파산 사태가 나는 게 다른 회사들한테 오히려 좋은 계기가 될 수도 있다는 하소연이었다.

돈줄이 막힌 상황에서는 일단 살아남는 것이 중요했다. 영업과 관련 없는 부동산은 물론이고, 사업용 부동산이든 알짜 자회사든 매각할 수 있는 건 모두 매각하는 강수를 둘 수밖에 없었다.

"팔 만한 것이 있나요?"

"팔 건 이미 다 팔았습니다. 제 생각으론 채권매각 등을 통해 달러 보유액을 늘려 유동성을 확보하는 방안이 나을 것 같습니다."

구 부회장은 아무 대꾸도 하지 않은 채 자산목록으로 시선을 돌렸다.

"그것으로는 부족해요. 팔 수 있을 때 팝시다. 좀 더 늦으면 모든 걸 빼앗길 겁니다."

한동안 아무 말 없이 자산목록을 살피던 구 부회장이 드디어 입을 열었다.

"계열사인 신우조선해양 보유지분 28퍼센트를 모두 매각하세요. 우방과 한강랜드, 조선해양 지분매각도 검토해야 할 것 같군요."

이에 자금 담당 재무이사가 순간 당황한 기색을 보였다.

"지금 말씀하신 것들은 저희 그룹 자산 중에서도 가장 핵심 자산인데요."

"나에게 안 좋은 사업은 다른 사람에게도 안 좋은 사업이지요. 알짜 사업을 내놓아야 팔릴 거요."

그렇게 말하고는 자산 목록을 한 장씩 넘기면서 팔 만한 자산이 더 있나 쭉 보던 구 회장은 신규 사업을 추진하기 위해 사놓았던 땅 중 아직 공사가 시작되지 않은 부동산 목록에 눈길을 주었다.

"여기 이 땅들 말인데, 팔면 얼마만큼 자금조달이 가능할 것 같은가요?"

"3000억 원 정도입니다."

정부에 제출한 부채감축 규모를 숫자로 맞추는 것도 중요하지만, 매각 실현 가능성을 높이려면 제값을 받기는 어려울 것이다.

심란한 듯 혼잣말을 중얼거리던 구 부회장이 자금 담당 재무이사를 쳐다보며 되물었다.

"주식뿐만 아니라 부동산 가격까지 50퍼센트 이상 떨어진 시점에서 과거의 시세대로 팔려는 것 자체가 욕심 아닙니까?"

"그래도 그 정도는 받아야 합니다. 그룹 차원에서 10년 전에 구입했던 땅인데 당시 취득가격이 2000억이었습니다. 얼마 전까지만 해도 3000억에 사겠다는 사람들이 있었고, 경기만 살아나면 5000억 이상 부를 수 있는 땅입니다."

자금 담당 재무이사는 못내 아쉽다는 표정이었다.

"부동산에 너무 집착하지 맙시다."

"마찬가지일 수 있습니다. 돈을 벌어줄 자산을 팔아버리면 언제라도 살아남기 어렵습니다."

"금리까지 오르고, 현금 부자들만 물 만난 것 같습니다."

자산가치가 많이 떨어져 있는 상황에서 싼 가격에 자산을 매각한다는 건 생각처럼 쉽지 않은 일이었다.

사실 일단 살고 보려다가 장기 성장 동력까지 팔아넘기게 되는 건 아닌가 하는 두려움도 컸다. 이러한 자산들을 팔면 당장 목돈을 얻겠지만, 근본적인 문제가 해결되지 않는 이상 언제든지 같은 상황이 재발할 수 있다. 이런 식의 구조조정은 산소호흡기로 생명을 연명하는 것일 뿐이다. 돈 되는 것은 다 팔면 나중에 무엇으로 사업할지 푸념을 해보았지만, 채권단의 압박에 밀려 팔 수 있는 매물은 다 내놓아야 하는 상황이었다.

구 부회장은 문득 어제 시청한 TV 시사프로그램을 떠올렸다. 부동산을 생산의 수단으로 여기지 않고 부의 축적을 위한 수단으로만 여기다가는 자본주의 시장경제는 설자리가 없어진다는 게 패널의 설명이었다.

그 대목에서 구의연 부회장은 자신 혹은 대한이앤씨의 무리한 욕심이 어떤 식으로든 오늘날의 경제위기 상황에 일조한 것은 아닐까 하고 후회 어린 생각이 들었다. 욕심이 지나치면 하고자 하는 바를 잃고 가지고 있는 것에 만족할 줄 모르면 가지고 있던 것마저 잃는 법이었다.

이런 생각에 잠겨 있으려니 재무이사가 유동성 문제를 거론했다.

"유동성 확보를 위해 자산매각 등을 추진해야 하지만

요즘 같은 불경기에는 매각이 생각만큼 쉽지 않습니다. 또 어렵게 자산을 매각하더라도 현 시점에선 매각 대금 대부분이 부채 상환용으로 쓰일 게 뻔합니다. 부채비율은 낮출 수 있겠지만 회사 운영자금에는 큰 도움이 못 되는 만큼, 자산을 매각해도 당면한 '유동성 위기' 상황은 계속될 겁니다."

과거에도 그랬다. 자산가치가 많이 하락한 상황에서 무리하게 부채비율을 낮추고 유동성을 확보하려 했던 정부의 재벌개혁은 기업들로 하여금 자산을 마구잡이로 매각하게 만들었고, 결국 우리나라 기업들은 자산가치를 제대로 인정받지도 못한 채 헐값에 외국 자본가들에게 매각되었다.

또 동종업계 전체의 불황으로 이미 매물들이 많이 나와 있어서 제값을 받기도 힘든 상황이었다. 채권단은 하루빨리 자산을 팔아 빚을 갚으라는 입장이었으나, 회사에서는 시간이 걸리더라도 제값을 받는 것이 중요했다. 역사는 항상 되풀이되었지만 세상은 항상 이를 망각하고 말았다.

"자산이라고 다 돈은 아니다. 지금은 땅보다 현금이 더 중요해……."

구의연 부회장은 착잡한 듯 혼잣말로 중얼거렸다.

외환위기의 교훈을 지금껏 까마득히 잊고 큰 흐름을 읽지 못한 자신의 무능함에 가슴이 답답해졌다. 경쟁자를 이겨야 한다는 강박관념에 매출이라는 성장 드라이브에만 목을 맸고, 재무제표 유동성을 관리하지 못한 것이다.

"부회장님, 자산매각보다는 동성해운 지분 취득을 위해 1조 원 규모 투자 계획을 취소하는 편이 좋을 것 같습니다. 그리고 말씀하신 토지는 회장님께서도 아끼시는 건데 재고해 보시는 게 어떨까요?"

자산매각보다는 투자 계획을 취소하자는 생산 담당 이사의 얘기였다. 주가가 많이 떨어져 있는 시기에 하는 유상증자는 상대적으로 자금조달에 불리했다. 1년 전에 10만 원이었던 주가가 지금은 5만 원도 안 되는 상황이었다. 주가가 반 토막이 난 상황인 만큼 1000주의 유상증자를 하더라도 1억 원이 들어왔을 1년 전과 달리 지금은 5000만 원밖에 들어오지 않는다는 말이다. 물론 주주 입장에서야 저가매수의 기회일 수 있지만, 대한이앤씨 입장에선 자금조달비용이 많이 들어가게 된다. 또한 자산을 매각하면 자산을 기준으로 매겨지는 기업의 재계 순위도 크게 떨어질 것이 분명했다.

그렇다면 기존에 투자하기로 한 계약까지 철회해야 할

까? 사실 이것도 난감한 점이 없지 않았지만, 계약금을 손해 보더라도 더 큰 손해를 막기 위해서는 어쩔 수가 없었다. 생각해 보면 구의연 부회장은 운이 좀 있는 편이었다. 동성해운 딜에 차질이 생기면서 놀리고 있던 돈이 대한건설을 살렸다. 딜이 이루어졌다면 이 정도 자금이 남아 있을 수 없었고, 딜 자체가 없었다면 사업부지나 건설비로 사용되어 이 정도 유동성을 남겨둘 이유가 없었을 것이다.

구 부회장이 고심 끝에 입을 뗐다.

"주가가 급락한 상황에서 유상증자를 통해 무리한 투자를 하는 건 증자에도 부담이 되고, 또 투자 자체에도 확실성이 많이 떨어지죠. 자회사들의 부실한 재무상태로 회사에서 빌려준 대여금이 부실화되면 주가의 위험 요인이 되고, 유상증자로 새로 상장되는 신주가 대량 매도 물량으로 나오면 추가 주가하락의 우려도 있습니다."

잘하는 사업에 집중하고 신규사업은 절대 빚을 내서 시작해서는 안 된다는 기본 원칙을 사람들은 항상 어기고 있었다. 은행은 때론 필요 이상의 인내심을 발휘하면서 이런저런 명목으로 대출을 허용하고 기간을 연장해 주면서 뭉그적거리다가 비가 오면 우산을 빼앗아 버렸다. 너무 늦기전에 조치했어야 했지만, 금융권에서 경고를 보내는 시점은 언제나 이미 한참 늦은 때였다.

ESG 평가 전문기관은 아파트 붕괴 사고로 인해 대한이앤씨에 심각성 '상' 등급을 부여했다. 재무적 손실 외에도 ESG 리스크는 대한이앤씨의 장기적인 기업가치에 부정적 영향을 미쳤다. 대한이앤씨가 부랴부랴 ESG위원회를 만들고 ESG를 전문으로 하는 부서를 신설한 이유도 중대재해처벌법이 ESG와 맞닿아 있었기 때문이다. 산업재해율은 ESG에서 사회적책임(S) 요인의 주요 항목이었고 이러한 사회 위험 상승은 기업의 신용도에 부정적인 요인이어서 ESG 위험이 부각되는 산업이나 기업에 대해서 기관투자자들이 회사채 투자를 기피하는 현상이 심화되고 있었다.

구조조정을 안 하는 방법은 구조조정 상황을 만들지 않는 것이다. 즉, 투자를 할 때 빚을 지지 말고 기존의 비효율적인 자산을 매각해서 조달하는 상시 구조조정이 필요한 것이다. 원래 한꺼번에 갑자기 하는 일은 부담이 큰 법이다. 운동을 안 하던 사람이 갑자기 마라톤 완주를 시도하면 몸만 힘들고 실패할 가능성이 높지만, 조금씩 단련해서 거리를 늘려가면 완주를 할 수 있다. 이처럼 구조조정도 한꺼번에 할 것이 아니라 상시로 하면 단련이 된다. 그러나 대한이앤씨는 마라톤을 완주할 단련이 되어 있지 않았다.

이렇게나 막막한 상황에서 무엇을 할 수 있을까? 문제 해결을 위한 모든 시도가 제자리걸음처럼 허무했다.

회의를 끝낸 구 부회장은 긴 한숨을 토해내며 사무실 통유리 너머 파란 하늘을 올려다봤다. 파란 하늘을 보고 있자니 이번엔 푸른 바다와 함께 제주에 있을 김연욱이 떠올랐다. 김연욱을 생각하니 착잡한 심정이 몰려왔다.

구 부회장이 스스로 의도하지 않았음에도 부지불식간에 '라인'이 생겨났다. 평소 구 부회장은 김연욱을 비롯해 열심히 일하는 후배들을 솔선수범해 챙겨주곤 했는데, 그게 다른 사람들 눈에는 라인처럼 보였다. 그러다 보니 불미스런 사건으로 김연욱이 퇴사하게 됐을 때 그 여파로 구 부회장까지 덩달아 회사 내 입지가 좁아진 게 사실이었다. 구 부회장은 과거에 조 회장 측 회사였던 대한건설의 실세였고, 자연히 유 회장 측 인사들은 이를 좋지 않게 생각했기에 김연욱 사건을 이용해 구 부회장의 입지를 무너뜨리려 했던 것이다.

그런데 이번에 다시 김연욱의 파라다이스가 문제를 일으킬 분위기였다. 파라다이스는 대한이앤씨에 리조트 공사대금 지불을 미루고 있었고, 대한이앤씨는 파라다이스에

채권담보라도 요구해야 할 상황이었다. 당장 몇십억 원이 아쉬울 정도로 자금사정이 나쁜 상황에서, 공사매출채권이 50억이 넘는 거래 기업 가운데 1개월 이상 대금지불이 미뤄지는 곳은 무조건 담보를 받으라는 회사 내부 기준에서 파라다이스도 예외일 순 없었다.

구 부회장이 구조조정의 총대를 메고 있었으나 유 회장 측 실세들에 둘러싸인 가운데 실질적인 권한은 거의 주어지지 않았다. 또한 구 부회장 스스로도 구조조정의 책임자로서 잘하든 못하든 결국엔 책임을 떠안게 될 거라는 사실 역시 알고 있었다. 구조조정이 성공적으로 이루어지더라도 회사의 직원과 자산을 잘라내야 하는 역할이므로 피를 봐야만 했고, 구조조정에서 실패하면 실패한 책임 역시 져야 했다.

둘 다 구의연 부회장으로선 마음이 편치 않은 일이었지만 피해갈 수 없었다. 물러날 때가 닥치면 지내온 시간을 돌아보게 된다.

'나는 어떻게 기억될까?'

나이가 들수록 아쉬움만 남는게 인생인 듯했다.

구조조정을 통해 자산을 다 팔고 더 이상 팔 것이 없어질 것을 생각하자 우울해졌다. 정신없이 가진 것을 팔 때는 실감하지 못했지만 소유권이 넘어가던 날 비로소 실감이 났다. 후회는 없었다. 원래 내 것이 아니었으니 돌려보내는 것이 이치였다. 회사의 영광과 함께했던 시간이 영원할 수는 없었다. 가야 할 때를 아는 사람이 되기로 마음먹었다. 어찌 보면 평생 대기업에서 혜택을 받은 사람이었다. 계속 키우고 투자하고 그 친구들이 사회에 좋은 영향을 준다면, 구 부회장은 다시 선택하래도 모든 것을 쏟을 터였다. 그것이 구 부회장의 목표고 꿈이었다.

보증이라는
이름의 족쇄

대한이앤씨가 워크아웃 대상 기업에 포함됐다는 사실은 파라다이스로서도 충격이었다. 순간 현철은 눈앞이 캄캄해졌고, 뒷목까지 뻐근해져 왔다.

사업 초기에 소액주주들 20명으로부터 5억 원씩 받아 모은 100억 원의 자금은 인허가권과 부지매입에 쓰고 나니 바로 바닥이 났다. 최소 500억 원에서 1000억 원 이상의 자금이 필요한 골프장 건설을 위해선 결국 금융기관으로부터 대출을 받는 방법밖에 없었는데, 은행에선 대출 조건으로 대기업의 보증을 요구했다. 당시만 하더라도 10억~20억 원의 토지 계약금만 가지고서 수천억 원대의 개발 사업을 하는 방식이 일반적이었다. 자기자본 없이 시공사

지급보증으로 은행에서 잔금과 공사비를 조달하여 큰 사업을 하다 보니 분양이 안 되면 시행사가 부도나고 시공사는 시행사 대신 공사비는 물론 PF 대출까지 갚아줘야 하는 악순환이 반복해 일어나곤 했다.

다행히 구의연 부회장을 통해 파라다이스는 대한건설에서 PF를 받았고, 대한건설은 파라다이스 리조트 건설을 맡아서 했다. 그런데 이것이 수년이 지난 지금 파라다이스의 족쇄로 둔갑해 버린 것이다.

이런저런 심란한 생각을 하고 있을 때 인터폰이 울렸다.

"홍 실장님, 사장님께서 찾으십니다."

비서실이었다.

"혹시 무슨 일 때문인지 알아요?"

"방금 전에 대한이앤씨 구의연 부회장님께서 만났으면 하고 연락을 해오셨는데 그 문제 때문인 것 같습니다."

"부회장님께서?"

순간 가슴에 무언가가 쿵 하고 떨어지는 느낌이었다.

"갑자기 대한이앤씨에 들어가게 됐네. 나 없는 동안 무슨 일 생기면 바로 연락하고."

김연욱 사장은 간단히 그렇게 말하곤 비서실장과 함께 공항으로 출발했다. 차에 오르는 김 사장의 어두운 얼굴에서

심상치 않은 기색을 느낀 현철이 비서실에 넌지시 물었다.

"구 부회장님이랑 사장님이랑 직접 통화하신 거예요?"

비서는 고개를 저었다.

"아뇨, 그쪽 비서분이 다른 얘기 없이 그냥 사장님께 그렇게만 전하라고 했습니다."

현철은 자신의 직감이 틀리지 않았음을 느낄 수 있었다. 좋은 일 같았으면 전화로 곧바로 말했을 텐데 군이 만나서 이야기하자는 걸 보면 상황이 안 좋은 게 분명했다. 이제 구의연 부회장으로서도 어쩔 수 없는 지경에 이른 게 확실했다.

자리로 돌아온 현철은 홍 회계사에게 전화를 걸기 위해 수화기를 들었다가 이내 내려놓고 말았다. 몇 달 전부터 영호는 대한이앤씨의 회계감사를 맡고 있었기 때문에 대한이앤씨의 내부 상황에 대해 잘 알고 있을 터였다. 하지만 우선은 구 부회장과 김연욱 사장의 미팅이 어떻게 결론 날지 상황을 지켜보는 게 순서일 것 같았다.

대한이앤씨는 파라다이스에 PF 보증을 해줬고, 파라다이스 리조트 공사를 맡았다. 그리고 파라다이스 측은 회원권 분양 시장이 좋지 않아 현재 수백억 원에 달하는 공사 대금 지급을 벌써 2년째 미뤄오고 있었다. 물론 경기가 좋을 때 수백억 원 정도의 공사미수금은 그다지 큰 금액이 아닐 수 있다. 그러나 대한이앤씨가 워크아웃에 들어갔다면 문제가 달라진다. 아무리 구의연 부회장이 개인적으로 김연욱을 아낀다 하더라도 더 이상의 관대함을 기대하기란 힘들었다. 국제회계기준이 도입된 것도 대한이앤씨에는 악재였다. 국제회계기준에서는 그동안 건설업체들이 대규모 개발 사업에 관행적으로 해왔던 PF 지급보증을 부채로 보기 때문이다.

종전에는 보증 대금을 대신 지급할 가능성이 80퍼센트 이상일 때에만 부채로 보았지만 국제회계기준에서는 50퍼센트만 되어도 부채로 잡아야 한다. 이럴 경우 파라다이스에 대한 지급보증은 모두 부채로 인정되어 대한이앤씨의 부채비율은 급격히 증가하게 된다. 보증은 단순한 약속 이상이다. 채무자가 빚을 갚지 못하면 지급보증을 선 회사가 돈을 갚아야 하기 때문이었다. 파라다이스에서 대한이앤씨로 폭탄 돌리기를 하는 격이었다. 보증 폭탄이 터지고 나서야 보증이 실제 대출과 같은 부채였음을 깨닫기 시작했다. 특히 건설업계의 부진이 길어지면서 손해배상, 이행보증 등 공사와 관련된 분쟁이 늘어나고 소송에서 패소할 리스크가 커지며 두려워하던 상황이 실제로 다가오고 있었다.

이뿐만이 아니었다. 대한이앤씨에서 하고 있는 아파트 공사도 종전에는 공사 진행 정도에 따라 매출로 기록해 왔지만, 국제회계기준에서는 완성되는 시점까지 매출로 잡아서는 안 되고 분양 대금 입금액도 완성 시점까지는 부채(선수금)로 기록해야 한다. 회계혁명이라고 하는 국제회계기준은 대한이앤씨의 매출을 줄이고 부채는 급격히 높이는 결과를 가져왔다.

지금쯤 대한이앤씨 부회장실에서 무슨 일이 벌어지고 있을지 홍 실장은 걱정스럽기만 했다.

■

구의연 부회장과의 만남은 1년 만이었다. 통화는 종종 했지만 구 부회장이나 김연욱 사장이나 바쁘다 보니 따로 시간을 내어 만나기란 마음만큼 쉽지 않았다.

"부회장님, 자주 찾아뵈었어야 하는데 이렇게 먼저 연락 주시니 송구스럽습니다."

김연욱의 인사말에 구 부회장은 손을 내저었다.

"아닐세. 사업하느라 바쁠 텐데 서울까지 이렇게 한걸음에 달려와 준 것만으로도 고맙지. 늘 제주에 가면 자네

한번 봐야지 하면서도 이제껏 시간만 끌고 있었지 뭔가."

김연욱은 죄송한 마음에 얼굴이 화끈거렸다. 마음만 먹으면 제주에서 서울까지는 얼마든지 올 수 있는 1시간 정도의 기리였건만, 온갖 바쁘다는 핑계로 아버지 같은 구 부회장을 1년 만에야 찾아뵙게 되다니. 후회가 밀려왔다.

"어제 신문 보니까 대한이앤씨가 유동성 위기에 봉착했다는 기사가 나왔던데요."

김연욱은 차라리 자신이 먼저 나서는 게 나을 것 같다고 생각해 조심스레 먼저 입을 뗐다. 하지만 구 부회장 면전에서 차마 워크아웃이란 말을 입에 올릴 수는 없었기에 '유동성 위기'라는 용어로 대신했다.

사실 유동성 위기는 수개월 전부터 있었던 일이었다. 그리고 어제 금융감독당국과 전국은행연합회가 내놓은 시공능력 상위 100위 내 건설사와 중소 조선사를 대상으로 한 신용위험평가 결과에서 대한이앤씨를 포함한 11개의 건설사가 워크아웃에 들어가게 됐다.

"채권단에서 워크아웃 대상을 발표했는데 우리가 거기에 포함되었네."

구 부회장은 최대한 담담함을 유지하며 말했다. 이어 담배를 한 개비 빼 들더니 초조한 듯 떨리는 손으로 불을

붙였다.

상황은 생각했던 것보다 심각했다. 이어지는 침묵이 뿌연 담배 연기만큼이나 갑갑하게 느껴졌다.

구 부회장이 얘기를 꺼내기 어려워하자 김연욱이 먼저 나서서 입을 열었다.

"워크아웃이 되면 앞으로 절차가 어떻게 진행되는 거죠?"

20년 동안 대기업을 다녔고 이제 자신의 사업을 하고 있는 사람인 만큼 김연욱은 워크아웃에 대해 모르지는 않았다. 채권금융사들은 자산매각 등 구조조정을 전제로 워크아웃 기업에 금리감면이나 출자전환 등의 금융지원을 하게 되지만, 동시에 기업들의 유동성 상황을 항시 모니터링하게 된다. 학생이 선생님한테 숙제를 검사받듯 항시 보고해야 하는 것이다. 기업은 이에 상응하는 자구책을 채권금융단에 내놓아야만 살아남을 수 있다. 그러나 워크아웃 절차 도중에라도 가능성이 보이지 않으면 법정관리(기업회생절차)를 신청하게 된다.

워크아웃 과정에서는 회사의 노력으로 무엇이라도 해볼 수 있지만, 법정관리에 들어가면 칼자루가 법원으로 넘어가 자산과 부채가 동결되고 법원의 회생계획안에 따라 부채가 상환된다. 워크아웃 절차를 거치지 않고 곧바로 법정관리를 신청할 수도 있지만, 이것은 숙제를 하지 않았다고 무단결석을 하는 것처럼 무책임한 행동으로 비춰질 수 있었다.

김연욱이 궁금한 건 대한이앤씨가 어떤 자구책을 내놓을 것인가였다. 이 과정에서 대한이앤씨뿐 아니라 그에 딸린 식구들과 협력업체가 받을 고통은 불 보듯 뻔했기 때문이다. 은행에서 대부분의 자금을 회수해 버려 현금이 거의 없었다.

부회장은 어렵게 입을 뗐다.

"우리 회사가 재계 서열 8위이긴 하지만 자네도 알고 있다시피 최근 몇 년 새 한국건설, 화성해운 등 공격적인 M&A에 나섰지 않나. 그 후유증으로 지금 차입금 총액이 4조를 넘어 부채 규모로는 세 번째일세."

김연욱은 조금이라도 부회장의 짐을 덜어주기 위해 더 이상 망설이지 않기로 결심했다.

"저는 부회장님께 빚이 많습니다. 지금도 갚을 것이 많은데 더 이상은 빚을 지고 싶지 않습니다."

하지만 구 부회장은 어떻게든 김연욱을 배려해 주려 애썼다.

"PF 보증은 내가 어떻게든 막아보겠네."

구 부회장의 배려가 얼음장같이 얼어 있던 김연욱의 가슴을 녹이기도 전에, 공사미수금 문제가 김연욱의 심장을 옥죄어 왔다. 평소에 준비를 한 사람에게는 폭풍우가 두렵지 않은 법이다. 오히려 폭풍우는 자신의 존재감을 드러낼 수 있는 좋은 기회가 될 수 있다. 그러나 부채의 수레바퀴 아래에 있는 대부분의 사람들은 폭풍우가 오고 나서야 그 의미를 깨닫곤 한다.

김연욱은 지금 자신의 모습이 한없이 비참하게 느껴졌다.

현철은 대한이앤씨와 은행권이 파라다이스의 경영성과를 낮게 평가하는 것이 목구멍에 걸린 가시처럼 답답하게 느껴졌다.

파라다이스는 제주도에서 회원권 분양도 가장 잘하고 이익도 가장 안정적으로 내고 있었다. 그런데 최근 공사미수금을 이유로 대한이앤씨 측에서 파라다이스의 사장을 전문경영인으로 교체한다는 소문이 나돌기 시작했다. 구의연 부회장이 있는 한 그럴 리는 없다고 믿고 있었지만, 요즘 들어 더욱 어두워진 김연욱 사장의 표정을 보면 어쩐지 자꾸 불안해졌다. 더욱이 대한이앤씨가 워크아웃 대상에 포함되며 구 부회장의 입지가 더욱 좁아진 상황에서 지켜보고만 있어선 안 될 듯했다.

대한이앤씨가 어떤 상황인지, 또 주주들은 무슨 생각을 하고 있는지 궁금해진 현철은 홍영호 회계사에게 전화를 걸었다.

"제주에선 파라다이스만큼 실적을 내는 골프장이 없거든. 근데 왜 주주들은 김연욱 사장님이 제대로 경영을 못하고 있다고 생각하는 거지?"

작년만 해도 파다라이스는 50억 원 정도의 영업이익을 냈는데, 불경기인 점을 감안한다면 이는 아주 좋은 실적임에 틀림없었다. 그러나 영호는 예상 밖의 대답을 했다.

"주주들이 그 정도 이익에 만족하지 못하는 게 문제지."

"그거야 욕심이 지나친 거고……."

돈을 빌려 쓰는 쪽이 항상 불리하다는 것은 알았지만, 현철은 쉽게 납득이 되지 않았다. 영호는 차근히 설명을 이어나갔다.

"기업의 주인은 주주이니, 기업의 주주가치를 높이기 위해 경영자가 노력해야 하는 건 당연한 일이지. 그리고 주주가치를 높이기 위해서는 기업가치를 높여야 해. 그런데 지금 파라다이스는 그러지 못하고 있다는 게 주주들의 판단이야."

"50억이 불만이라면 대체 얼마만큼 더 실적을 내야 만족한다는 거야?"

"영업이익이 50억이지만, 이건 실상 자기자본비용을 고려하지 않은 금액이거든."

"자기자본비용?"

"주주들한테 지급해야 하는 대가 말이야."

파라다이스 측에선 이미 토지소유권도 주주 이름으로 해주었고 확정이자도 10퍼센트나 지급하기로 했다.

"그렇게 해줬는데도 불만이라는 게 말이 돼? 이건 해도 너무한 거 아냐?"

흥분한 현철을 다독이듯 홍 회계사가 말을 이었다.

"소액투자자들을 너무 믿은 게 화근이었던 것 같아. 처음부터 소액투자자들의 돈만으로 사업을 시작한 것도 문제였고. 토지의 공유 지분이 별 의미가 없다는 건 투자자들도 알아. 골프장 토지는 매매가 안 되니 자산가치가 적을 수밖에 없다고 생각하는 거지. 거기다 확정이자를 10퍼센트나 약정했지만, 이것 역시 애초의 약속대로 이행되지 않고 미뤄지니 소액투자자들 중 일부는 김연욱 사장님을 더이상 신뢰하지 않게 된 거지. 주주들의 이런 불만이 대한이앤씨 쪽으로 전해지면서 대한이앤씨는 공사미수금 문제와 연관시켜 파라다이스의 경영 능력에 의구심을 갖게 된 거고……."

결국 주주들의 불신이 문제였다.

"신뢰도가 어느 정도 떨어진 것 같은데?"

"최소 20퍼센트의 수익률은 기대하는 걸로 보여. 너희 회사 자본이 500억 원이니까 자기자본비용으로 100억 원 정도는 예상할 수 있는데, 현재 이익이 50억 원이니 주주들은 만족을 못 하는 거고. 이런 불만이 계속 누적된다면 결국 주주들은 회사를 떠나려 들지도 모르지."

"신뢰도가 깨진 이상 그런 주주들은 떠나보내는 게 낫지 않을까?"

현철의 대답에 홍 회계사는 걱정스러운 듯이 말했다.

"그렇게 간단한 문제가 아냐. 물론 파라다이스의 자금 여력이 충분하면 자사주매입으로 주주의 주식을 사들이면 되겠지만, 당장 그럴 만한 현금이 없잖아. 오히려 소액주주들은 의사결정에 참여하기가 어렵기 때문에 그들이 먼저 회사에 주식매수를 청구할 수도 있고, 극단적인 경우엔 불만을 품은 주주들이 세를 모아 경영진 교체 압박을 가할 수도 있지."

홍 회계사의 말은 코로나19 이후 급격히 늘어난 소액주주들의 단체행동을 반영한 것이었다. 상장사들은 수십조까지 배당금 규모를 늘려가는 주주환원정책을 펴고 있었다. ESG경영에 대한 기업들의 인식이 강화되고 주주환원을 늘려달라는 소액주주들을 의식한 행보였다. 또 소액주주들은 연대하여 운용사들과 손잡고 실력 행사를 하기도 하여 기업들이 개미들의 눈치를 보지 않을 수 없었다. 소액주주들은 앞으로도 자기 권리를 지키려는 노력을 강화할 태세였다.

"요즘 다들 ESG를 한다는데 그것도 돈이 되는 건가?"

현철의 질문에 영호는 웃음을 참으며 말했다.

"기업들의 목표가 이윤추구라고 하지만 돈 버는 일만 해서는 안 되겠지. 요즘 투자자들은 회사가 돈을 얼마나 잘 버는지만 보지 않고, 어떻게 돈을 벌고 쓰면서 회사를 운영하는지 종합적으로 평가하고 투자하거든."

영호의 얘기를 통해 현철은 지금까지 자신이 생각해 왔던 이익이라는 개념이 별 의미가 없음을 깨달았다. 돈을 투자한 투자자들의 기대치를 넘어서는 이익을 내야만 주주들도 만족하고 경영도 계속할 수 있다. 다시 말해 투자자가 요구하는 이익보다 높은 이익을 기업이 창출하고 있다면 해당 기업가치가 올라가겠지만, 투자자가 기대하는 만큼의 이익이 창출되지 못하면 결국 기업가치는 하락할 수밖에 없다.

파라다이스는 1000억 원의 자산에서 50억 원의 이익, 즉 투자수익률 5퍼센트를 내고 있지만, 투자자들은 500억 원의 투자금에 대해 20퍼센트의 수익률을 기대하고 있기 때문에 결과적으로 오히려 15퍼센트만큼의 기업가치가 감소하고 있는 상황이었다. 기업은 투자자에게 지급할 자본비용을 초과하는 이익, 즉 경제적 부가가치를 창출해야 기업의 가치를 유지할 수 있다. 회사의 이익이 자본비용보다 적다면 이익을 내도 투자자들의 몫을 돌려주고 나면 기업에는 남는 것이 없다. 조달금리보다 낮은 이자로 대출을 해주는 은행은 존재의 의미가 없는 것과 마찬가지였다.

이는 비단 파라다이스만이 아니라 모든 회사의 문제이기도 했다. 자본비용보다 높은 주주수익률을 달성하는 기업은 전체 기업 중 5퍼센트 정도에 불과했다. 이익이 발생해도 주주에게 돌아갈 이익이 확보되지 않으면, 기회비용을 고려할 때 기업가치는 감소하는 것이다.

기업의 가치는
무엇인가?

"머니 바이블 블로그에서
더 많은 회계 꿀팁을 전수해 드립니다."

내부적으로는 자금압박 문제로 임직원들이 골머리를 앓고 있었지만, 외부적으로 파라다이스는 여전히 제주 최대의 리조트였다. 국내 골프대회도 꾸준히 유치하고 있었고, 잘 만들어진 코스로 이름을 날렸다. 김연욱 사장의 공격적인 마케팅도 효과를 보고 있었다.

회사의 외형이 커지고 회사 인지도가 높아지면서, 덩달아 사장 비서실과 김연욱 사장의 오른팔인 홍 실장에겐 피곤한 일이 많아졌다. 업무 제휴를 해보자는 전화부터 시시콜콜한 청탁에 이르기까지, 김연욱 사장을 찾는 전화가 하루에도 수십 통씩 사장 비서실과 현철에게 걸려왔다. 최근에는 엘리트의 강지훈 회장까지 현철을 괴롭히고 있었다.

강지훈이 누군가. 김연욱 사장과 현철 자신을 대한건설에서 쫓겨나다시피 나오게 만든 장본인이 아니던가. 어떤 상처는 시간이 지나도 회복되지 않는 법이다. 현철은 강회장에게서 전화가 오더라도 사장님과는 절대 연결시키지말라고 비서실에 단단히 지시를 해놓았다.

"오늘 또 엘리트 회장님이 사장님이랑 통화를 하고 싶다고 전화했습니다."

비서는 난감한 표정이었다.

"엘리트 강 회장 전화는 계속 따돌리세요."

홍현철 실장은 강지훈 회장으로부터 연락이 온다는 사실조차 김연욱 사장에게 보고하지 않았다.

그런데 며칠 후 강지훈 회장이 사무실로 직접 찾아왔다. 다행히 김연욱 사장이 사무실에 없어서 만나지는 못하고 돌아갔지만, 대신 강 회장은 비서실에 제안서를 놓고 갔다. 비서실장은 홍 실장에게 제안서를 전했다. 제안서는 엘리트와 파라다이스를 합병해 서로 원원 전략을 구사하자는 내용이었다. 고민 끝에 결국 홍 실장은 제안서를 들고 사장실을 찾았다.

마침 기획부장과 얘기 중이었던 김연욱 사장은 개의치 않고 홍 실장을 자리에 앉혔다. 하지만 강지훈이란 이름 석자를 듣자마자 표정이 싹 바뀌었다.

"이 사람이 우리한테 왜 이런 걸 보낸 거지?"

"그동안 강 회장님으로부터 여러 번 전화가 왔었습니다만, 통화할 필요가 없을 것 같아서 사장님껜 보고드리지 않았습니다. 그런데 며칠 전엔 사무실로 찾아와 이걸 놓고 갔더라고요."

"5년 전에 우리가 누구 때문에 그 고생을 했는데……."

김연욱 사장은 생각만 해도 치가 떨리는지 입술을 씰룩거렸다. 이에 홍 실장이 난처한 듯 대꾸했다.

"그 사실을 강지훈 회장은 모르는 눈치였습니다."

김연욱 사장은 잠시 침묵을 지켰다. 어쩌면 홍 실장의 말처럼 강지훈은 단순히 사업이 결렬됐다고 생각할 뿐, 자신 때문에 김연욱이 대한건설에서 쫓겨나게 됐다는 사실은 모를 수도 있었다. 김연욱 사장은 대한건설에서 나오면서, 행여 앞으로 사업하는 데 걸림돌이 될까 봐 엘리트와 관련한 말을 아무에게도 하지 않았으니 강지훈 회장이 그 내막을 모를 수도 있는 것이었다.

"그 사람은 요즘 뭐 하고 있다던가?"

사장은 강지훈이 놓고 간 서류는 읽어보지도 않은 채 물었다.

"5년 전 강지훈 회장이 추진하던 골프장 사업은 중단됐고, 지금은 엘리트랜드라는 리조트 사업을 하고 있습니다. 사업을 확장하려고 이것저것 손대고 있나 봅니다. 매각을 염두에 두고 시장점유율을 높여 몸값을 불리겠다는 의도 같습니다."

그러자 지금껏 잠자코 있었던 전기태 기획실장이 불쑥 나섰다.

"강지훈 회장을 한번 만나보는 것이 어떨까요?"

전기태 실장의 말에 김연욱 사장과 현철은 순간 당황했다.

"전 실장님은 파라다이스와 강 회장님과의 관계를 잘 모르시는 것 같은데……."

홍 실장이 슬쩍 말리려 들었지만, 전기태 실장은 냉철함을 잃지 않고 계속해서 말을 이어갔다.

"사적인 관계는 제가 잘 모르겠지만, 지금 같은 위기 상황에서 자금이 들어올 수만 있다면 일단 한번 만나보는 것도 나쁘지는 않다고 생각합니다."

김연욱 사장은 시종 잠자코 있었다.

홍 실장은 사장의 심기가 불편해진 건 아닌가 싶어 눈치껏 다시 기획실장의 의견을 제지했다.

"전기태 실장님, 엘리트 강 회장은 도덕적으로 문제가 있는 사람입니다."

홍 실장이 강 회장에 대해 설명하는 동안 김연욱 사장은 잠시 눈을 감고 생각에 잠겼다. 엘리트가 다른 리조트 사업을 이어가고 있는 만큼 합병을 한다면 현재 파라다이스의 가장 큰 문제인 운전자본조달 부분이 해결될지도 모른다. 물론 옛 감정을 떠올린다면 말도 안 될 일이긴 하지만, 기획실장의 말대로 지금은 위기 상황 아닌가? 회사가 이 지경으로 어려운 마당에 사사로운 감정을 앞세울 수는 없었다.

"5년 동안 고생했으면 이제 독불장군식으로 사업한다는 게 힘들다는 것쯤은 배우지 않았을까?"

김연욱 사장이 침묵을 깨고 말했다.

"그럼 강 회장에게 연락을 넣어보겠습니다."

기획실장이 이런 분위기를 감지하고 냉큼 나섰다. 고개를 끄덕이던 김연욱 사장이 생각난 듯 홍 실장을 쳐다보았다.

"일단 홍영호 회계사부터 부르게."

김연욱 사장은 강지훈 회장과의 만남에 앞서 비서실을

통해 따로 엘리트와 강 회장에 대한 조사를 지시했다. 그리고 강지훈의 제안을 액면 그대로 받아들일 수는 없겠다는 결론을 내렸다. 물론 제안서에 담긴 내용 그 자체에 문제가 있는 건 아니었지만, 조사 결과 엘리트에 압류가 들어올 가능성이 있는 것으로 드러났다.

강지훈의 집안은 선대부터 제주에서 관광지 개발사업으로 잔뼈가 굵었으나 대기업들의 관광사업 진출이 본격화되면서 서서히 몰락의 길로 들어서고 있었다. 결국 몇 개나 있었던 사업체를 다 팔아치웠고, 그래도 갚지 못한 빚때문에 그나마 갖고 있던 엘리트마저 압류될 수 있는 상황이었다.

이런 생각은 김연욱 사장의 추측이긴 했으나, 강지훈 회장이 외적으로 장사가 잘되고 있는 엘리트를 갑자기 합병하고자 하는 건 역시 뭔가 꺼림칙했다.

홍영호 회계사는 더욱 조심스러운 입장이었다.

"사장님, 강지훈 회장의 재산을 파라다이스로 합병시키려면 엘리트의 자산을 매입하는 방식으로 가야 합니다. 그런데 강 회장의 빚이 많다면 채권자들이 이를 문제 삼을 여지가 많습니다."

"문제를 삼다니요?"

김연욱 사장은 홍 회계사의 말에 멈칫하며 되물었다.

"채무를 피할 의도로 재산을 다른 사람 이름으로 옮기거나 팔아버리는 건 채권자들을 위험에 빠뜨리는 일이 되니까요. 그래서 법률에서는 채무를 피할 목적으로 재산을 빼돌리는 행위를 금지하고 있는데, 만약 강지훈 회장이 그런 의도로 합병을 진행하는 거라면 아무리 사장님께서 매입을 하신다 하더라도 채권자들은 사장님의 재산이 된 엘리트 자산을 압류하려 들 수 있다는 거죠."

압류라는 말까지 듣자 김연욱 사장은 뭔가 큰 문제가 있을 수 있다는 생각이 들었다.

"파라다이스의 다른 재산까지 빼앗길 가능성도 있는 건가요?"

"그렇지는 않습니다. 최악의 경우 엘리트 건물 정도를 빼앗길 수 있겠지요."

돈을 주고 산 재산을 빼앗긴다면 매입 대금만 날리는 꼴이 된다. 거기다 법적인 문제가 발생하기 시작하면 수시로 법원에 들락거려야 할 테니 그때 발생할 시간적 비용만 생각하더라도 강지훈 회장은 만나고 말고 할 것도 없을 듯했다.

이때 전기태 기획실장이 다른 의견을 내비쳤다.

"하지만 이것은 순전히 추측일 뿐입니다. 이런 식으로 미리 걱정만 하다 보면 일을 진행하기 어렵죠. 당장 합병으로 인해 부채비율이 줄어들고 은행으로부터 추가자금을 조달받을 수 있다면 그 정도 위험은 감수할 수 있지 않을까요?"

홍현철 실장 역시 당장 자금조달이 시급하다는 데는 이의가 없었다.

"조금 더 두고 봅시다. 굳이 합병을 통하지 않고 추가대출 받을 수 있는 방법이 있는지 금융기관 쪽으로 더 알아보고, 강지훈 회장 제안은 나중에 다시 검토하는 걸로 하죠."

최후의 배수진을 치겠다는 뜻이었다.

오랜만에 영호는 여동생의 집에서 하룻밤 묵기로 했다. 자신을 특히 잘 따르는 조카 채니를 보고 싶은 마음도 있었다.

"우리 채니 많이 컸네?"

영호가 안아주려 하자 채니는 쭈뼛거리며 영란의 뒤로 숨어버렸다. 채니는 지난 설에 본 외삼촌을 까맣게 잊은 채 낯선 사람 보듯 경계했다. 그러나 삼십 분도 안 되어 채니는 "삼촌!" 하며 영호의 곁을 떠나려 하지 않았다. 좋아하는 색종이 접기부터 인형놀이, 그림 그리기, 노래 부르기까지 하면서 재미나게 외삼촌과 놀았다.

한편 현철은 딸아이의 흥에 장단을 맞춰주기는커녕 채니와 노는 영호 옆에 시무룩하게 앉아 답답한 마음을 늘어놓고 있었다.

"개인적으로는 나나 사장님이나 강지훈 회장이라면 치가 떨리지. 근데 회사 사정이 원체 안 좋으니까 강 회장과 손잡을 생각도 하시는 것 같고."

영호는 채니와 함께 그림을 그리면서 동시에 현철의 고민을 상담해 주고 있었다.

"지난 외환위기 때는 한보철강, 대우그룹 등의 대기업, 소위 대마들이 무너지면서 한국경제가 뒤흔들렸지. 그런데 이번 금융위기는 중소기업과 가계 부문의 잠재부실을 정조준하고 있는 모습이야. 특히 가계의 빚 부담은 사실상 외환위기 수준보다 악화되고 있어. 당시에는 기업의 부채가 문제였지만 지금은 가계부채가 더 큰 문제인 셈이지."

영호의 얘기를 듣고 있자니 현철은 더 답답해졌다.

"그러니까 왜 이렇게까지 상황이 나빠졌느냐는 거지."

"외환위기를 가까스로 넘긴 직후에 부동산 투기 열풍

과 맞물려서 부동산담보 대출이 급증한 게 원인이라고 볼 수 있지. 그때 생긴 잠재부실이 지금껏 덩치를 키워왔다고 할 수 있거든. 금융위기 직전 은행들의 예대율(예금대비 대출비율)은 140퍼센트에 달할 정도로 대출경쟁이 극에 달했고, 이것이 고스란히 가계부채로 이어졌다고 할 수 있지."

"결국엔 차입금이 문제라는 거네?"

"차입금보다는 차입한 돈을 잘못 사용하고 있다는 게 더 큰 문제지. 모두들 미래 사업의 가치보다는 현재의 부동산에 혈안이 되어 있으니 말이야."

처음 파라다이스 리조트 사업을 시작할 때에도 부동산 가격은 지속적으로 상승할 거라는 의견이 지배적이었다. 어쩌면 그랬기 때문에 소액투자자들이 선뜻 김연욱 사장에게 돈을 내줬을 수도 있다. 당시 저금리 구조하에서 시중에 풀린 많은 돈이 부동산 시장으로 몰렸고, 서민들은 빚까지 내서 주택 마련에 열을 올렸다.

이런 원인으로 세계 경제가 어려워졌다는 사실을 알았기에 영호는 자산가치를 담보로 한 차입금으로 운전자본을 조달하려는 파라다이스의 경영방식을 내심 우려하고 있었다.

"그래도 여전히 많은 사람들이 부동산에 대한 믿음을

강하게 갖고 있잖아."

현철의 말에 영호는 고개를 끄덕였지만, 표정만큼은 걱정하는 기색이 역력했다. 자산가치를 키워도 이를 담보로 차입을 늘린다면, 언젠가 자산가치가 떨어질 경우 조기상환 압력을 받을 수도 있다. 여기에다 실물경제까지 불황으로 치닫게 된다면 매출감소는 불 보듯 뻔한 일이라 회사 입장에선 차입금 상환이 더욱 어려워질 수 있다. 그래서 요즘 같은 상황에선 회사를 키우기보다 구조조정을 할 필요가 있다고 보았지만, 김연욱 사장은 성장 쪽으로 가닥을 잡은 듯했다.

"회사 가치를 높이려면 무엇이 가장 중요할까?"

"글쎄……. 일단 회사 이익이 중요하지 않을까?"

"회사 이익을 최우선으로 생각하면 회사는 급여를 줄이려고 할 수도 있잖아."

"그걸 생각 못했네."

영호는 웃음을 짓다가 이내 엄숙하게 말하기 시작했다.

"과거에는 돈만 많이 벌면 된다고 생각했지만, 요즘은 돈을 많이 벌어도 환경이나 사회적인 책임, 지배구조 등이 문제가 되면 한순간에 기업이 무너지는 일이 발생하잖아."

"맞아. 요즘은 어디에서 어떻게 문제가 터질지 모르

겠어."

"지속적으로 돈을 벌려면 정당하고 올바른 방법으로 벌어야겠지. ESG는 회사가 앞으로도 지속적으로 돈을 벌 수 있는지를 보는 비재무지표야. ESG는 환경(E), 사회적인 책임(S), 지배구조(G)에 대한 비재무지표를 공시해서 좋은 이익인지 나쁜 이익인지 이익의 질에 대해서도 평가를 하고 있어."

영호의 말에 현철이 묻듯이 말했다.

"과거에는 이익을 '얼마나' 버는가에 대한 문제가 중요했지만, 앞으로는 이익을 '어떻게' 버는가에 대한 이슈가 중요해진다는 건가?"

"그래. 이익을 많이 내는 것도 중요하지만 공정하고 올바른 방법으로 이익을 내는 게 더 중요해지는 거지. 언제든 기업을 통째로 잡아먹을 수 있는 나쁜 이익보다는 좋은 방법으로 이익을 내야 지속가능한 기업이 될 수 있으니까."

현철은 혼란스러웠다. 과연 가치 있는 기업이란 어떤 기업일까? 회사만 생각하면 직원이 지치고 직원만 생각하면 회사가 무너졌다. 또 회사와 직원만 생각하고 사회를 생각하지 않으면 기업의 존재가치가 없어지는 것 같았다.

주식회사는 주주가치로 산정되고 주주의 이익이 직원의 이익이 되어야 한다고 생각해 왔는데, 이해관계자들이 서로 다른 길을 가고 있는 느낌에 머리가 복잡해졌다. 기업 가치는 이해관계자들에게 분배를 어떻게 할 것인가의 문제일 뿐 아니라 올바른 가치가 무엇인지를 규정하는 문제이기도 했다.

대한이앤씨는 더욱 목이 옥죄어오는 상황에 처해 있었다. 일부 은행들이 워크아웃 기업인 대한이앤씨에 대해 예금인출 제한, 법인카드 사용 중지 등 금융제한 조치를 취하는 가운데, 주 채권은행인 경기은행은 조만간 채권단 회의를 열어 청산 혹은 법정관리 신청을 결정할 예정이었다.

이런 상황에 공공공사, 주택사업, 해외공사에 참가하기 위해 꼭 갖추어야 할 보증서 발급까지 거부되는 경우가 빈번이 발생하면서 대한이앤씨는 영업상으로도 많은 어려움을 겪게 됐다. 회사를 키우는 데는 오랜 시간이 필요하지만, 회사가 망하는 데는 단 며칠이면 충분했다.

구의연 부회장은 결국 사직 의사를 밝혔다. 사람은 떠나야 할 때 떠나는 게 아니라 떠날 수 있을 때 떠나야 하는 것이라는 생각이 들었다. 모든 것을 다 가졌다가 모든 것을 잃은 기분 이었다. 40년간 회사에 충성하면서 많은 기여를 했지만 지금의 상황으로 평가 받는 사실이 웃기기도 하고 슬프기도 했다.

구 부회장의 능력을 알고 있는 이사회에서는 난감해하며 사직을 만류했다. 어떻게 보면 현실 도피 목적으로 회사를 떠나는 것으로 보일 수도 있었다. 하지만 구의연 부회장이 회사에서 할 수 있는 일은 더 이상 없었다. 이미 채권단 은행에 모든 의사결정권이 넘어가 있었고, 그런 상황에서 구 부회장이 계속 자리를 지키고 있다면 후배들이 앞으로 치고 나올 기회마저 빼앗는 꼴이 될 것 같았다. 구의연 부회장은 아무것도 할 수 없는 스스로가 초라하게 느껴졌다.

구 부회장은 그동안 무엇을 위해 앞만 보고 달려왔는가 하는 후회가 밀려왔다. 앞만 보고 달려야 하는 암울한 곳에서 삶의 무게에 짓눌리며 살아온 인생이었다. 나를 억누르던 삶에서 벗어나 다른 일을 하고 싶었다.

회사를 관두더라도 대한이앤씨 부회장이었다는 이력이라면 계열사에서 자리 하나쯤은 쉽게 잡을 수 있을 터였다. 하지만 구 부회장은 계열사 임원 자리를 마다하고 무작정 제주로 내려갔다. 언젠가는 제주에 내려와 편안하게 노후를 보내고 싶다는 바람이 있었는데, 몇 년 앞당겨졌다고 생각하기로 했다.

구의연 부회장의 대한이앤씨 퇴사가 파라다이스에 주는 여파는 컸다. 그나마 구 부회장이 알게 모르게 막아준 덕에 공사미수금 독촉에 시달리지 않았는데, 그런 방어막이 사라져버린 것이다.

김연욱 사장은 누구보다 먼저 부회장의 거처를 수소문하고 나섰다. 대한건설에 다닐 때 구 부회장과 가까이 지내며 그의 능력에 대해 익히 알고 있던 김연욱이었다. 김 사장은 파라다이스가 겪게 될 곤란함을 걱정하면서도 내심 부회장의 퇴사 소식을 좋은 기회로 받아들이고 있었다.

김연욱 사장은 곧바로 구의연을 찾아갔다.

"부회장님, 제주에 오실 거면 저한테 미리 연락을 주시지 그러셨어요?"

구 부회장은 언제나처럼 인자한 미소로 김연욱을 맞아주었다.

"그렇게 됐네. 그동안 이런저런 일들이 많았고, 갑자기 회사도 관두게 되고……. 누구보다 자네에게 미안한 마음이네. 끝까지 자네를 챙겨줬어야 하는데 말이야."

서로의 안부를 확인하는 얘기가 잠시 오간 후, 김연욱 사장이 하고 싶던 말을 조심스레 꺼냈다.

"구의연 부회장님, 저희 회사의 회장님으로 오셔서 저를 좀 도와주십시오."

구의연 부회장은 갑작스런 김연욱의 제안에 약간 놀라는 듯하다가 이내 손을 내저었다.

"대한이앤씨가 이렇게 된 것도 어찌 보면 내 책임이 크네. 실패한 경영인으로서 내가 어떻게 자네 회사로 간단 말인가?"

하지만 김연욱의 생각은 달랐다.

"그렇지 않습니다. 대한이앤씨가 그렇게 된 것은 부회장님의 책임이 아니라 금융위기 때문입니다. 금융위기가 터지고 세계적인 유동성 문제가 이렇게까지 심각해진 것은 금융전문가들조차 예측하지 못한 사실인데, 이게 어떻게 부회장님 책임입니까? 부회장님은 항상 도전하셨고 노력하셨습니다. 부회장님의 용기를 볼 때마다 얼마나 자랑스러웠는지 모릅니다."

구 부회장은 김연욱의 말에 기업의 의미에 대한 새로운 의문을 던지게 됐다. 지금의 자본주의의 세계가 과연 우리가 알고 있는 그런 세계인가에 대한 의심이 밀려왔다.

사람들은 허례허식과 속물근성으로 가득 차 있었다. 지나친 성장 지상주의로 기업들은 빠르게 늙어갔다. 과식이 몸을 망치는 것처럼, 무절제한 팽창은 필연적으로 기업을 죽음에 이르게 했다. 그래서 갑자기 돈을 번 회사는 자신의 무게에 짓눌려 더 빠르게 붕괴했다. 대부분의 회사들은 자신들이 번 돈을 어떻게 써야 할지 생각해 보지도 않았다. 그런 회사에 가치가 있을리 만무했다.

물론 이는 구의연 부회장의 잘못만은 아니었다. 모두의 잘못이었고, 이 문제에 대해서는 누구도 자유로울 수 없었다.

순간 지난 세월이 주마등처럼 스치고 지나갔다. 매출이나 자산규모 같은 외형이 전부인 것 같지만 이런 것들은 한줌의 먼지처럼 사라져버리는 것들이었다. 기업은 죽음 앞에 놓이자 비로소 기업의 존재에 의미를 부여하게 되었고 어떻게 기업을 운영해야 하는지 묻게 되었다.

'성장의 본질은 무엇인가?'

성장 앞에서 인간은 노예가 되었고 성장을 위한 성장만을 추구하고 있었다. 더 이상 기업에서 인간적인 면모는 찾을 수 없게 된지 오래였다. 금융위기 이후에 한바탕 유동성 파티를 즐겼다면 어김없이 경기침체가 온다는 것은 당연한 것인데도 애써 모른척하고 있었다.

기업들은 금융위기를 겪으며 외형 불리기보다 이익과 기업가치 등을 중시하게 됐고, 이런 체질개선으로 우량기업들은 내부에 많은 현금을 보유하기 시작했다. 하지만 시간이 지남에 따라 기업들의 고민은 쌓아둔 돈을 어디에 어떻게 써야 하느냐로 옮겨 갔다. 전반적인 저금리 기조로 인해 이젠 부채를 갖는 게 기업의 재무성과에 그다지 큰 기여를 하지 못하게 됐다. 그러다 보니 기업들은 회사의 영업활동으로 축적된 현금으로 좀 더 많은 부가가치를 창출할 수 있는 곳, 자본비용 이상의 이익률을 얻을 수 있는 투자대상을 찾게 되었다.

하지만 매출과 이익이 성장하면서 동시에 자본비용을 상회하는 총 주주수익률을 달성시킨 기업은 극히 드물었다. 수익성을 동반한 지속적인 성장을 한다는 건 쉽지 않은 일이었다. 이는 강력한 핵심사업을 구축해 거기에서 최대 잠재치를 달성하고, 또 핵심사업을 기반으로 한 인접사업의 기회를 부단히 찾고 진입해 성공해야만 가능한 일이다.

그런데 대부분의 기업들은 핵심사업 구축을 통한 지속적인 성장이 아니라 성장 그 자체에 매달렸고, 특히나 건설업체들은 저금리와 부동산가치를 담보로 계속 매출확대에 치중한 결과 또다시 많은 부채를 지게 되었다. 기업들은 하나같이 법인등기부등본에 부동산임대업 등을 넣어서 설립 시부터 부동산 투자를 고려했다. 재무구조와 실적 성장성이 뛰어나다는 것을 강조하여 토지와 건축비의 대부분을 대출을 통해서 조달한 후 매매를 통해 차익을 얻었다. 자산가치가 증가하는 시기에는 본업보다 부동산투자를 통해서 큰 이익을 벌어들이며 레버리지효과를 기업가의 자랑스러운 수완으로 여기는 풍조가 생겨나기도 했다.

그러나 무리한 사업확장은 시너지효과를 내지 못했다. 매출 역시 계열사간 거래에 기댄 결과였기에 그동안의 매출성장도 허수에 불과했다. 한없는 욕망은 기업을 살게도, 또 죽게도 만들었다. 이런 욕망이 기업의 유일한 목적으로 둔갑하면서 많은 문제를 만들고 탐욕으로 가득한 자본주의의 덫이 인간을 지배했다.

이러한 기업의 욕망은 반복적으로 거품을 만들고 터트리면서 금융위기를 불렀고, 자산가치가 급락하는 상황 속에서 기업은 휘청거리게 되었다. 더욱이 세계경제의 침체로 인해, 수출이 많은 대한이앤씨 같은 건설업체는 큰 타격을 입을 수밖에 없었다. 세계적인 불황이다 보니 특히나 수출업체가 겪는 고충은 끝없이 커져만 갔다. 지금은 흙탕물이지만 언젠가 이 물도 다시 흘러 흘러 다 지나가리라 믿으면서 견딜 뿐이었다.

"어느 때보다도 지금 저에게는 부회장님이 필요합니다. 부 회장님께서 제 곁에서 그냥 계시기만 해도 저에겐 큰 힘이 될 겁니다."

김연욱 사장은 끝까지 구 부회장에게 매달렸다.

회사란 숙명적으로 패배자가 될 수밖에 없을지도 모른다. 그러나 그러한 삶을 의연하게 받아들이고 낭낭하게 내처함으로써 주체적 삶의 주인이 될 수 있을 것이라는 생각이 들었다.

잠시 고민하던 구의연 부회장은 자신의 서랍장에서 아무것도 쓰여 있지 않은 흰색 봉투를 꺼내왔다.

"내 퇴직금이네. 작지만 내 직장생활을 증명해 줄, 유일하게 남은 증거라네. 나보다 자네한테 더 필요한 것 같으니 쓰도록 하게."

파라다이스에 간다 해도 과연 얼마나 김연욱에게 도움이 될 수 있을지 확신이 서지 않던 구의연 부회장은 퇴직금으로 자신의 마음을 전하고 싶었다.

하지만 이건 그냥 퇴직금이 아니었다. 거기에는 대한이앤씨를 위해 살아온 자신의 평생이, 그 땀과 희생이 서려 있었다.

　김연욱은 순간 가슴이 뭉클해졌다. 회사의 자금문제를 해소하는 데 구 부회장의 퇴직금은 턱없이 부족한 것이었지만, 이건 액수의 문제가 아닌 마음의 문제였다.

　"이 돈은 받을 수 없습니다. 아니, 받아서는 안됩니다."

　"이건 내 돈이네. 내 마음대로 쓰고 싶네."

　"제가 이 돈을 어떻게 받겠습니까……."

　"어서 받게. 아니, 받아주게나."

　"그럼, 갚겠습니다."

　"갚지 않아도 괜찮네. 내가 자네에게 조금이나마 도움이 될 수 있다는 것이 내게는 큰 행복이네."

　구의연 부회장의 말에 김연욱은 무장해제 될 수 밖에 없었다.

　"부회장님께서 계셔 주실 거라 믿습니다."

　"한 가지 조건이 있네."

　"조건이라뇨?"

　되묻는 김연욱 사장에게 구 부회장은 다짐을 받듯 말했다.

　"더 이상 자네 회사에 도움이 안 된다 싶으면 그땐 난 바로 회장 자리를 내놓겠네. 알겠나?"

구의연 부회장은 아끼는 후배 김연욱을 돕고 싶은 마음이었지, 회장 자리에 연연할 생각은 없었다. 그래서 파라다이스가 지금의 위기 상황을 이겨내는 데 자신이 도움이 되는 순간까지만 회장 자리에 있고, 그 후엔 바로 회사를 떠날 생각이었다.

■

무리하게 36홀 확장공사를 진행하면서 담보물건을 늘려 추가대출을 받았지만, 그렇다고 자금사정이 완전히 나아진 것은 아니었다. 사정이 이렇다 보니 김연욱 사장은 최근 엘리트와의 합병을 진지하게 고려하고 있었다. 워낙 큰 사안인 만큼 섣불리 마음을 잡지 못한 채 김연욱 사장은 자꾸 구의연 회장의 의견을 물었다. 하지만 구의연 회장은 확실한 답변을 주지 못하고 있었다. 김연욱 사장은 결론을 내리지 못하고 추가자금 마련을 위해 서울행 출장길에 올랐다.

"회장님께서 찾으십니다."

홍현철 실장을 찾는 인터폰이 울렸다. 비서실이었다.

"무슨 일이죠?"

"방금 엘리트 강지훈 회장님이라는 분이 구의연 회장님을 찾아오셨습니다. 함께 미팅하자고 하시는 것 같은데요."

엘리트 강지훈 회장은 파라다이스의 자금사정이 좋지 않다는 것을 알고 김연욱 사장이 출장을 간 틈을 타 구의연 회장을 찾은 것 같았다. 분명 그는 김연욱 사장과 구의연 회장 사이의 돈독한 관계에 대한 소문을 들었을 것이다.

구 회장은 회장 자리에 취임한 지 얼마 안 된 만큼 혼자 강지훈을 만나기보다는 현철을 동석시키는 편이 낫겠다고 판단했다.

현철이 회장실에 들어갔을 땐 이미 구의연 회장과 강지훈이 인사를 끝낸 뒤였다.

"오랜만입니다, 홍 실장님. 그간 안녕하셨죠?"

엘리트 강지훈 회장은 자리에서 일어나 아주 깍듯이 악수를 청했다. 험난한 세상에서 살아남으려면 자연스레 터득하게 되는 처세술이었다. 강 회장의 그런 행동에선 예의바름보다는 어떤 초조함이 더 강하게 느껴졌다. 다급하게 엘리트를 팔아야 한다는 긴박감이 전해지는 듯했다. 하지만 현철도 더 이상 과거의 풋내기가 아닌, 산전수전 겪은 홍 실장이었다. 공적인 자리인 만큼 감정을 숨기며 악수를 나눴다.

"예, 회장님도 그동안 안녕하셨죠?"

곧이어 강지훈 회장은 파라다이스와 엘리트가 인수합병을 해야 하는 이유에 대해 장황하게 설명을 늘어놓기 시작했다.

"우리 집안은 선대부터 50년째 리조트 사업을 계속하고 있었는데 서귀포에 엘리트를 세우면서 어려움에 처하게 되었습니다. 그전에는 주로 제주시에서 사업을 했는데, 제주시는 유동인구가 많아 비즈니스를 하기에 안성맞춤이었고 그동안 쌓아온 리조트의 선두주자라는 브랜드까지 있다 보니 사업은 줄곧 번창일로였습니다."

여기까지 얘기한 강지훈의 표정이 갑작스레 착잡하게 바뀌었다.

"제 고등학교 동창이 서귀포시 시장이었거든요. 그런데 어느 날 그 친구가 하는 말이, 곧 서귀포 월드컵 경기장 주변에 상권이 발달할 거라는 거예요. 그래서 그 말만 믿고 제주시에서 하던 사업체 자금까지 끌어들여 서귀포에 엘리트를 세웠는데, 바로 다음 해 시장 선거에서 제 친구가 낙선하면서 계획이 물 건너가게 된 거죠. 월드컵 경기장 주변에 관광지가 들어서는 대신 프로축구 구단이 유치되고, 저희 엘리트에서 분양하려고 매입한 부지와 건물들도 모두 프로축구 구단 쪽으로 가버려 피해가 아주 막심했습니다."

게다가 금융위기와 팬데믹으로 인한 실물경기 침체 때문에 리조트조차 매출이 반 토막이 났고, 그러다 보니 차입금 담보로 사용되었던 제주리조트는 이자비용을 감당할 수 없는 지경에까지 이르게 됐다. 결국 강지훈 회장은 제주리조트를 매물로 내놨지만 매출이 감소하고 있는 상황인지라 매입 의사를 밝혀오는 회사가 없었다고 한다.

강지훈 회장의 얘기에 구 회장은 며칠 전 김연욱에게 들은 얘기를 떠올렸다. 김연욱은 강지훈이 자금압박을 피하기 위해 인수합병을 제안한 걸지도 모른다고 했다. 즉, 제주리조트가 금융비용을 감당하지 못하는 상황에 이르자 엘리트마저 위험해질 수 있다는 판단에 강지훈 회장이 엘리트를 매각해 자금조달을 하려 한다는 것이었다.

은행 대출을 받기 위해서라면 무슨 짓이라도 할 것 같았다. 원래 대출이라 함은 미래의 수익을 전제로 해야 하는 것이지만, 기업도, 은행도 미래보다 현재 눈에 보이는 자산만을 보고 판단했다. 불경기때는 금리를 제로금리까지 낮춰서 돈을 뿌려대다가 비올 때 우산을 빼앗는 것이 은행이었다. 대출을 남발하다가 어느 순간 신규대출을 틀어막고 종전대출을 회수하기 시작한다. 폭탄 돌리기가 이어지다,

마지막에 잡는 사람의 손에서 금융사고가 터지고 마는 것이었다.

구 회장은 강지훈의 진짜 속내를 살펴보기로 했다.

"지금 제주도에 있는 리조트나 관광지는 규모가 너무 영세하다는 단점이 있습니다. 그렇다 보니 마케팅을 하는데도 자금력이 부족하고 주먹구구식이 될 수밖에 없는 거고요."

강지훈 회장은 합병을 통해 규모를 키우는 게 낫다는 논리를 이리저리 돌리고 부풀려가며 흘려댔다. 역시 구 회장이 인수합병에 관한 결정권을 갖고 있다고 믿는 모양이었다. 하지만 구의연 회장은 김연욱을 지원하려고 회장 자리에 취임한 것이었지 후배 회사를 자기 마음대로 좌지우지할 생각은 없었다.

"강 회장님은 강회장님을 사업을 하시고 우리 사업은 내버려 두시죠."

"요즘 같은 시기에 혼자 가는 건 현명한 선택이 아닙니다."

"중요한 건 파라다이스와 엘리트가 합병했을 때 시너지효과가 얼마나 나는가에 달렸죠."

구 회장은 인수합병에 조심스런 입장이었다. 강지훈 회

장은 바짝 안달이 났다.

"분명히 시너지효과가 있습니다. 돈을 다발로 끌어다 줄 거예요. 일단 위치만 봐도 그렇습니다. 파라다이스는 동쪽에, 엘리트는 남서쪽에 위치해 있죠. 그런데 회장님도 아시다시피 제주에 오는 사람들은 3~4일 제주에 머무는 동안 항상 한곳에서 숙박을 합니다. 그러다 보니 동쪽에서 관광을 하다가도 밤엔 서쪽의 숙소로 돌아와야 하는 어려움이 있어요.

만약 파라다이스와 엘리트가 합병한다면 굳이 이쪽에서 저쪽으로 힘들게 이동할 필요도 없이 동쪽 관광하는 날은 파라다이스에서, 서쪽 관광하는 날은 엘리트에서 숙박할 수 있는 장점이 있습니다. 게다가 각사가 영위하는 사업부문의 체계를 하나로 구축하면 자원을 효율적으로 사용할 수 있기 때문에 비용이 절감됩니다. 공동마케팅의 효과도 기대할 수 있습니다. 사람도 줄이고 비용도 줄여서 수익성을 높일 수 있다는 거죠."

구의연 회장이 강지훈의 애기에 잠시 침묵을 지키며 생각에 잠긴 사이 홍 실장이 나섰다.

"합병한다고 무조건 시너지효과가 나는 건 아니죠. 낙관적으로만 볼 게 아니라 구체적으로 계산해봐야 합니다.

더욱이 파라다이스와 엘리트는 얼핏 보면 같은 업종 같지만 사실은 엄연히 다른 업종이거든요. 파라다이스는 골프장을 중심으로 하는 리조트지만, 엘리트는 유원지를 중심으로 하는 리조트니까요."

강지훈은 현철을 탐탁지 않게 쳐다보다가 구의연 회장에게로 시선을 돌렸다.

"사업은 비관적 생각을 무시해야 성공합니다."

하지만 구의연 회장은 선뜻 결정을 내릴 수 없었다. 리조트 사업이라는 게 원체 지역적인 영향을 많이 받는데, 구 회장은 아직 제주도에 대해서도, 제주도에서의 리조트 사업에 대해서도 명확히 감이 잡히지 않았다.

"인수합병으로 지분구조가 복잡하게 얽히는 것보다 전략적 제휴형태로서 각자의 사업 분야에서 독자적 경쟁력을 구축하는 것이 어떨까요? 시너지 효과가 난다면 그 이후에 합병을 결정해도 좋고요."

이에 강지훈 회장은 떨떠름한 표정을 짓다가 이내 설득조로 얘기를 해나갔다.

"회장님 말씀도 물론 일리가 있지만 간을 보는 것 같아서 썩 내키지는 않습니다. 한 회사로 뭉치지 않으면 시너지효과를 내기란 무척 힘든 일입니다. 저를 동업자로 받아들이면 손해보실 게 없을 겁니다."

홍 실장은 무리하게 36홀 확장공사를 하는 것도 부담이었지만 엘리트와의 합병 논의가 진행되는 것 자체에 대해 불안감을 갖고 있었다. 여기에는 합병 이후 발생하게 될 법률적 문제에 대한 우려 외에도 강지훈 회장이 지역사회에서 그다지 평판이 좋지 않다는 점도 작용했다. 임원회의 참석차 제주에 내려온 홍영호 회계사에게 홍 실장은 자신의 걱정을 늘어놓았다.

"돈줄이 막혀서 김연욱 사장님이나 구의연 회장님께 깍듯이 굴 뿐이지, 강지훈 그 사람 5년 전이나 지금이나 똑같다고 주변에서 다들 그러더라고."

힘든 상황에 처할수록 사람은 유혹에 빠지기 쉽다는 것을 아는 홍 실장은 씩씩 숨을 몰아쉬며 말했다.

"사장님께 얘기는 직접 해봤어?"

"못 했어. 지난번 회의 때 입바른 소리 한번 했다가 눈총만 받았는데……. 언제부터인가 사장님한테 말하는 게 불편해졌어."

"그래도 사장님 신임을 제일 많이 받는 사람이 너잖아. 한번 말씀드려보는 게 나중을 생각해서도 낫지 않겠어?"

현철은 낮게 한숨을 내쉬었다.

"일단은 규모를 키우고 위기 상황에 맞게 빠르게 변해야 한다는 사장님 생각이 워낙 확고하니까."

홍 실장의 말에 홍 회계사의 얼굴에는 어둠이 드리워졌다. 인수합병의 수확에 대한 스토리가 있어야 기업가치를 충실히 인정받을 수 있는 법이다. 그러나 파라다이스와 엘리트는 수확을 측정할 수 없었다. 그런 인수합병에서 의미를 찾을 수는 없었다.

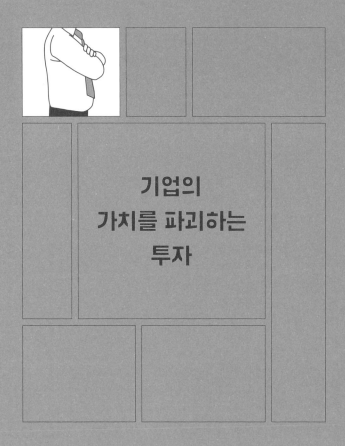

기업의
가치를 파괴하는
투자

"머니 바이블 블로그에서
더 많은 회계 꿀팁을 전수해 드립니다."

구의연 회장은 임원회의에서 강지훈 회장과의 회담 내용을 공표했다. 임원들의 반발이 있었지만 파라다이스의 상황이 워낙 다급했기에 합병은 어쩔 수 없는 것으로 받아들여지고 있었다.

합병을 위해서는 총 주식의 3분의 1, 참석 주식의 3분의 2 찬성이 있어야 하는데, 합병을 반대할 만한 주주들은 주식수가 미미하여 합병에 걸림돌이 되지 않았다. 합병에 반대하는 주주들의 주식매수대금을 준비해야 한다는 것이 신경 쓰였지만, 합병 후의 자금조달을 고려하면 큰 어려움은 없을 것으로 예상되었다. 이제 남은 쟁점은 합병비율을 얼마로 하느냐의 문제였다. 합병비율은 두 회사의 기업가치를 평가하고 가치 비율로 결정하는 것이 원칙이었다. 이미 김연욱 사장의 지시로 어느 정도 실사가 이루어진 상황이었다.

"엘리트에서 지금까지 투자한 금액이 400억 원인데 감정평가액이 300억 원으로 나왔다고 합니다."

"신용위기로 인해 기업들의 재무제표에 나타나는 부동산, 채권 심지어 예금까지도 언제 사라질지 모르는 게 요즘의 현실 아닙니까?"

관리이사가 문제를 제기하자 조심스레 홍현철 실장이 이에 동조하고 나섰다.

"맞습니다. 자산가액이 400억 원이라면 실제 재산가치는 그보다 훨씬 적을 겁니다. 주식, 부동산 시세가 반 토막이 났는데 엘리트라고 다르겠습니까. 더욱이 엘리트는 부동산이라고 해봐야 가치가 떨어지는 시설장치가 대부분이고요."

구의연 회장이 홍 회계사를 쳐다보았다.

"보통은 어떤 기준으로 기업가치를 평가하나요?"

합병비율을 산정하기 위해선 아무래도 엘리트의 자산가치부터 명확히 하는 게 순서라는 생각이었다.

가장 합리적인 방법은 미래에 기업이 벌어들일 현금을

합산해 현재가치로 계산하는 방법이다. 이때 회계인은 소설가의 상상력과 과학자의 통찰력을 버무려 과거를 단순히 지나간 시간이 아닌 미래를 예측하는 도구로써 사용한다. 즉, 과거는 현재뿐만 아니라 미래의 이익에도 부메랑이 되어 돌아오는 것이다. 미래 현금흐름을 현재가치로 환산하는 방법에서 기업의 가치를 결정짓는 요소는 '지속성'이었다.

그러나 미래 전망치는 다분히 주관적인 것이라, 이익이 얼마나 성장할지는 예측만 할 수 있을 뿐 신뢰할 수 있는 항목은 아니다. 미래를 전망한다는 것은 기업이 오래 유지된다는 것을 전제로 하는데, 이것은 갓 성인이 된 사람이 언제까지 살 것인지 묻는 것보다도 불확실했다.

사실 미래는 정해진 것이 아니라 지금 어떤 마음으로 어떻게 살고 있느냐에 따라 달라지는 현재의 지속성이 보여주는 결과이다. 기업이 영구적으로 존속할 것이라고 믿기는 어려운 법이다.

또, 현재가치로 계산하는 데 필요한 이자율을 어떻게 정할 것인가 하는 문제도 있다. 시간에 따른 금리를 따져 계산해야 하지만, 회사가 벌어들인 현금의 현재가치 계산에 필요한 금리 산정은 쉽지 않았다.

회사에 자금을 투자한 채권자와 주주의 요구수익률도 시간이 지나면 달라지기 마련이었기 때문이다. 현실적으로 미래 현금흐름을 할인해서 기업가치를 산정하는 데는 어려움이 많다.

그래서 홍 회계사는 미래현금을 할인하는 방법 대신 다른 방법을 제안했다.

"그동안은 가치투자의 척도라고 생각됐던 주가수익비율PER, Price Earning Ratio이나 주가순자산비율PBR, Price Book Value Ratio을 이용한 기업가치 방법이 주로 이용됐습니다."

"PER 방법을 쓸 경우 엘리트의 기업가치는 얼마 정도입니까?"

구 회장은 차근차근 합병가액을 산정하려 했다.

"PER 방법에 의할 경우 일반적으로 적정한 PER을 10 정도로 봅니다. 보고서에서 보시는 것처럼 엘리트의 이익이 40억 정도 발생하고 있기 때문에 PER을 10으로 본다면 순이익의 10배인 400억 정도가 적정 합병가액이 될 수 있습니다."

홍 회계사가 말한 PER이 10이면 적정수준이라는 것은 일반적인 원칙이다. 순이익이 100일 때 주가가 1,000이라면 PER이 10이다. 반대로 1,000을 투자해서 1년에 100의 이익을 얻는 것은 투자수익률이 10퍼센트라는 의미이다. 그러니 PER이 10이라는 말은 투자수익률이 10퍼센트라는 말과 같다. 수익률 10퍼센트는 주식투자로 합리적인 수익률인 셈이었다.

전기태 기획실장이 홍 회계사의 말허리를 잘랐다.

"PER 기준이면 400억 정도니까 300억에 매입한다면 싸게 구입한다는 말인가요?"

전기태 실장은 홍영호 회계사의 말을 액면 그대로 받아들였다. 이에 홍영호 회계사가 좀 더 자세한 설명을 덧붙였다.

"꼭 그런 건 아닙니다. 경제성장률이 뒷받침되는 주가 상승기에는 기업실적이 좋기 때문에 주가를 순이익으로 나눈 지표인 PER이 기업가치를 평가하는 기준으로 적정하지만, 경기침체기에는 기업실적의 변동성이 커지기 때문에 실적이 아닌 자산을 기준으로 한 PBR이 더 적합할 수 있습니다."

이론적으로 본다면 기업의 가치는 미래 현금흐름의 현재가치로 계산되지만, 미래를 예측하기란 어려운 일이다. 특히 경기침체기처럼 미래 성장률이 더욱 불투명할 때는 미래 현금흐름이나 이익을 추정하는 방법으로 기업가치를 평가하는 건 다소 위험하다. 골프장의 경우 하루에 운영할 수 있는 경기 수가 제한적이어서 기업가치를 높이는 데도 한계가 있다.

과거에도 잘했고 지금도 잘한다면 앞으로도 잘할 가능성이 있기 때문에 과거의 실적을 보여주는 PBR과 현재의 실적을 보여주는 PER은 기업가치를 산정하는 데 가장 많이 사용되는 지표이다. PER은 주가(인수가격)를 이익으로 나누어 계산하는데, 손익계산서의 순이익 계산에는 많은 가정과 추정이 들어가 있었다. 더구나 파라다이스 같은 부동산 업종에서는 PER로 기업가치를 평가하는 것이 더욱 적절하지 않다고 홍 회계사는 생각하고 있었다.

"방금 말한 PBR은 뭡니까?"

김연욱 사장의 물음에 이번엔 홍 실장이 대답했다.

"PBR은 주가를 주당 장부상 자산가격으로 나눠 산출하는 지표입니다. 이 수치가 1배에 못 미치면 기업이 보유한 자산을 모두 정리할 때의 청산가치가 현재 주가보다 높다는 얘기이므로 주가가 저평가된 기업으로 분석됩니다."

하지만 홍영호 회계사는 PBR 방법에 대해서도 조심스러운 입장이었다. 아무리 국제회계기준에 따라 재무상태표가 공정가치를 반영하고는 있다고 하지만 아직까지 완전한 재산가치를 표시하기에는 한계가 있기 때문이다.

"기업 회계장부에 대한 신뢰가 떨어졌기 때문에 PER을 가지고 합병가액이 싸다, 비싸다를 논하기 어려운 상황이고, 이는 PBR도 마찬가지입니다. PBR은 재무제표에 이미 나온 자산가치를 기초로 구할 수 있습니다. 그러나 유동성 장세가 끝났기 때문에 현금흐름과 영업이익이 확실히 뒷받침 되지 않는 재무제표의 자산가치는 믿을 수 없습니다."

"재무제표의 자산가치마저 믿을 수 없는 상황이라 PBR을 완전히 믿어서는 안된다는 건가요?"

김연욱 사장은 혼란스러웠다. 300억 원이면 현재의 감정가액보다 싸게 매입하는 것이므로 인수하는 쪽이 나을 것 같은데, 홍영호 회계사는 순이익이나 순자산 기준으로 가격을 매기는 것 자체가 힘든 상황이라며 인수를 반대하는 듯한 모습이었다. 임원들 사이에서도 의견이 엇갈렸다. 전기태 기획실장은 인수 쪽이었고, 홍현철 재무실장은 반대에 가까웠다. 실제 가치에 비해 가격에 거품이 끼어서 계속 치솟는다면 폭탄돌리기가 될 것 같은 우려가 들었기 때문이다. 언젠가는 가격은 가치에 되돌아오게 되어 있는데 갑작스런 가격 폭락은 누군가에게 고통을 줄 것이다. 이런 상황에서 합의를 이끌어낸다는 건 더 어려운 일이었다.

강지훈 회장이 요구한 가격은 300억 원, 즉 감정평가액이고 아주 보수적으로 계산한 가격이라고 했다. 그리고 파라다이스 측에서는 이 가격을 부인할 명백한 근거를 확보하지 못한 상태였다. 시간이 지날수록 임원들은 강지훈 회장이 제시한 감정평가액 300억 원을 어느 정도 인정하는 분위기가 되었다. 이제 문제는 파라다이스의 주식가격을 어느 정도로 산정하느냐였고, 안건은 엘리트의 인수가격에서 인수 대가의 일부를 파라다이스의 주식으로 준다면 파라다이스의 주식가치를 얼마로 계산해야 하느냐로 옮겨갔다. 파라다이스의 주식가격에 따라 합병대가로 지불하는 주식 수가 결정되고, 합병 후 파라다이스의 주주지분율이 결정되는 것이다. 지금 현재의 가치로 본다면 파라다이스의 자산가치는 1000억 원 이상으로 엘리트의 자산가치와 비교해 두 배가 훨씬 넘는 금액이다. 그러나 엘리트는 부채가 거의 없는 반면 파라다이스의 부채는 800억이 넘기 때문에 파라다이스의 자기자본은 200억밖에 되지 않는다. 자기자본만 본다면 오히려 엘리트의 가치가 더 높아 보일 수도 있었다.

"엘리트를 인수하고 인수대가로 300억을 준다면, 그중 엘리트를 담보로 한 은행차입금 200억 중 150억을 엘리트에 지급하고 나머지 150억은 파라다이스 주식으로 지급해야 합니다."

홍 회계사의 설명에 회의장은 웅성이기 시작했다. 임원들의 동요를 알아챈 구의연 회장이 발언을 하고 나섰다.

"홍 회계사, 파라다이스 현재 자본이 200억 원밖에 안 되는데 엘리트에 주식을 150억 원어치 준다면 합병 후 강지훈 회장이 대주주로 올라설 수 있지 않을까요?"

홍 회계사는 시종 조심스런 태도로 답변했다.

"파라다이스와 엘리트의 주식가치를 동일하게 보고 1대 1 합병을 했을 때 이야기이긴 하지만, 자기자본의 가치만 가지고 따진다면 지분율이 5대 5까지 갈 수 있는 상황입니다."

"김 사장, 이런 합병을 굳이 할 이유가 있을까요?"

구의연 회장이 난감한 얼굴로 김연욱 사장을 쳐다보았다. 김연욱 사장은 구 회장까지 신중하게 나오자 순간 갈피를 잡을 수가 없었다. 이때 누군가 목소리를 높였다.

"맞습니다. 우리가 엘리트의 자산을 사는 건데 합병 후 오히려 엘리트의 강지훈 회장이 대주주가 된다면 우리 쪽에서 합병을 통해 얻는 건 아무것도 없지 않습니까?"

이사들의 반발이 거세졌다.

"파라다이스 가치가 낮게 평가될 경우 합병비율이 왜곡되어 소액주주들이 피해를 입기 때문에 소액주주들의 반발도 예상됩니다."

그 모습을 보는 홍현철 실장 또한 마음이 편치 않았다. 김연욱 사장 역시 충분히 이사진들의 반응에 공감은 하고 있었다. 하지만 당장 운전자금을 어떻게 확보할지 눈앞이 깜깜한 상황이었다. 서울행 출장도 별 소득 없이 끝나버렸고, 그랬기에 처음부터 탐탁지 않게 생각했던 엘리트와의 합병도 이렇게 추진하게 된 것이다. 순전히 합병으로 얻어질 50억 정도의 추가 자금 때문에 말이다.

"운전자본 문제를 해결하려다가 소액주주들을 자극해서 ESG리스크 관리에 실패할 수도 있겠습니다."

시종 합병을 찬성하던 전기태 기획실장이 말끝을 흐리며 사장의 안색을 살폈다.

김연욱 사장은 어떻게 결정을 내려야 할지 난감하기만 했다. 물론 강지훈 본인은 합병의 목적도 자금조달이며 합병 후에는 본점과 지점 형태로 나누어 경영하자고 했다. 그 얘기를 액면 그대로 볼 땐 지분율을 가지고 경영권 다툼을 하고자 하는 의도는 없는 것 같았다. 하지만 어떤 일을 도모할 때 처음 시작은 좋다가도 세월이 지나다 보면 의견충

돌이 생기고 결국 안 좋게 끝나는 경우가 얼마나 많던가? 김연욱 사장은 처음 리조트 사업에 뛰어들었을 때 강지훈 회장에게 뒤통수 맞은 걸 떠올리면 그의 말을 어디까지 믿어야 할지 알 수가 없었다.

"파라다이스의 주식가치를 높게 나오도록 평가하면 합병 후에도 우리 쪽 지분율이 과반수 이상 확보되지 않을까요? 회계사님께서 우리 주식가치를 높게 나오게 만들 지표를 정해주시면, 그 지표로 합병가액을 정하면 되잖습니까? 법적으로 문제가 되지도 않을 것 같고요."

전기태 실장의 발언에 구 회장과 김 사장을 비롯한 모든 임원진들의 눈길이 일제히 홍 회계사에게 쏠렸다. 합병에 대한 강한 의지가 파라다이스의 기업가치를 과대평가하도록 만들고 있었다.

한동안 생각에 잠겨 있던 홍 회계사가 차분하지만 소신 있게 자신의 생각을 또박또박 말해나갔다.

"법적으로 문제가 없더라도 ESG경영측면에서 주주나 사회로부터 동의를 얻지 못한 결정은 엄청난 부담으로 다가올 것입니다. 엄밀히 말하자면, 기업가치는 미래의 현금흐름을 판단해 산정해야 합니다. 재무관리 관점에서 기업가치는 그 회사가 미래에 벌어들일 현금흐름의 현재가치의 총계와 같다고 볼 수 있으니까요."

홍 회계사가 말한 기업가치평가는 가장 합리적인 방법이었다. 기업가치는 자산에서 부채를 차감한 것이고, 자산은 기업이 미래에 벌어들일 현금흐름을 말한다. 회사의 현금흐름은 크게 영업활동, 투자활동, 재무활동으로 구분해 현금흐름표에서 표시하고 있는데, 영업활동과 투자활동은 자산의 투자와 관련된 현금흐름이고 재무활동은 자금조달과 관련된 현금흐름이다. 따라서 기업가치와 관련된 미래 현금흐름은 영업활동현금흐름과 투자활동 현금흐름을 합산한 것이라고 할 수 있다. 이것을 잉여현금흐름FCF, Free Cash Flows이라고 한다.

그러나 이러한 현금흐름을 일반인이 이해하기란 어려웠고 그래서 간편하게 에비타EBITDA를 사용하는데, 에비타는 순이익에 이자, 세금, 감가상각비를 더하여 계산한 현금흐름으로 잉여현금흐름을 간편하게 계산하는 방법이다. 어떤 방법이든 결국 기업가치는 미래 현금흐름을 높이는 것에서 출발한다고 볼 수 있었다.

"미래의 현금 흐름을 추정한다는 것 자체가 불확실한 방법 아닌가요? 미래는 아무도 모릅니다. 어떠한 일이 일어나든 대처하는 법을 배울 뿐이죠."

전기태 실장의 지적은 날카로웠다. 이미 지난 과거를 돌아보는 것이야 상대적으로 간단하지만, 미래의 운명은 몇 가지 단서만으로 술술 풀리는 추리소설과 달랐다. 기업가치는 생산설비, 부동산, 브랜드가치 등과 같은 기업의 자산이 만들어내는 미래 현금흐름의 현재가치를 계산해 결정된다. 즉, 회사의 가치는 공장을 세우는 데 얼마의 자금이 들어갔는가가 아니라 공장과 관련된 모든 현금의 유입과 유출로부터 산출되는 현금흐름의 가치에 따라 결정된다.

가령 기업이 10년 동안 매년 100을 벌어오는 자산을 가지고 있다면 이 회사의 가치는 100의 10년치 합인 1,000일 것이다. 여기에는 복잡한 재무관리 지식이 필요하지만, 이론적으로는 가장 타당한 방법임에 틀림이 없었다.

단순히 장부에 잡힌 자산의 가격을 기준으로 하는 것은 현재의 자산가격만 반영하기 때문에 청산가치의 의미가 강하다. 그러나 미래 현금흐름을 할인하는 것은 회사의 미래 성장잠재력을 감안한 가치이므로 계속기업으로서의 가치에 더 부합한다. 결국 미래의 계속기업가치와 현재에 청산했을 때의 가치의 차이는 영업권에 해당하는 부분이다.

그러나 이것도 한계가 있다. 기업의 수명은 짧을 수도 있고 길 수도 있지만, 모두 일시적인 것이다. 영원한 것은 아니기 때문에 미래 현금흐름을 언제까지 반영해야 하는가의 문제가 남는다. 또한 미래 현금과 현재 현금은 화폐의 시간가치 차이가 발생한다. 따라서 매년 현금흐름을 현재의 가치로 환산해 주어야 한다. 여기에 자본비용, 즉 회사가 자금조달 대가로 지급하는 자본비용을 이자율로 적용하여 미래의 현금흐름을 현재가치로 환산해야 하는데 자본비용 산정에도 측정하기 어려운 요소가 들어있다.

그러나 홍 실장은 미래 현금흐름의 합계가 현재가치로 산정된다는 홍 회계사의 이야기를 이해할 수 있었다. 재작년에 사촌동생이 중국에서 갑작스럽게 교통사고로 사망했을 때였다. 성실하고 착했던 사촌동생의 갑작스런 죽음으로 온 집안은 충격에 휩싸였고, 그 와중에 보험회사에서 보내온 사촌동생의 보험금은 사촌동생의 현재 직업과 소득을 기준으로 미래 소득을 추정해 산정한 것이었다. 그 적은 액수의 보험금이 사촌동생의 몸값이라는 사실 자체가 서글펐지만, 현재를 기준으로 미래의 소득을 산정하는 게 가장 합리적인 보험금 산정 방법이라는 게 보험사의 설명이었다. 기업가치를 알려면 회계를 통해 기업의 과거와 현재를 바라보고 숫자 속에서 회사의 가치 코드를 찾아야 했다.

홍 회계사가 다시 설명을 시작했다.

"하지만 불확실성이 협상을 하는 데는 오히려 도움이 될 수 있습니다. 엘리트에서도 파라다이스의 미래가치를 높게 보고 있기 때문에 합병 제안을 한 것이고, 미래 현금흐름은 누구도 정확하게 예측할 수 없죠. 바꾸어 말하면, 바로 그 불확실성이 파라다이스의 가치를 높게 제시할 수 있는 근거가 될 수도 있습니다."

현철은 어쩐지 마음이 놓이지 않았다. 홍 회계사가 미래 현금흐름에 근거한 기업가치 평가보고서를 만든다 하더라도 강지훈 회장이 이를 인정할지 미지수였기 때문이다. 사람들은 일반적으로 기업의 가치를 미래보다는 과거에 놓으려고 한다. 그렇게 해야 만사가 단순해 보이기 때문이다.

"좀 더 확실한 방법은 없습니까?"

김연욱 사장도 같은 생각이었는지, 홍 회계사에게 물었다. 합병의 목적이 불투명한 상태이므로 홍 회계사는 합병 여부에 부정적이었지만, 지금 무조건 반대하는 것은 아무런 도움이 되지 않겠다고 판단했다.

생각 끝에 홍영호 회계사가 무겁게 입을 뗐다.

"엘리트와 동일한 평가방법을 쓰자는 것이 제가 제안하는 방법입니다."

"동일한 방법이라는 건 무슨 뜻이죠?"

"강지훈 회장은 엘리트 재산에 대한 감정평가액을 기초로 회사가치를 300억으로 산정해왔으니 우리 쪽에서도 같은 방법을 쓰자는 겁니다."

임원들의 시선이 모두 자신에게 집중되자 홍영호 회계사는 차근차근 설명을 이어갔다. "파라다이스의 현재 부동산은 200억 원으로 기록되어 있지만 실제 부동산가치가 5배 이상 올랐습니다. 즉, 부동산의 가치를 재평가해서 회사의 재무구조를 개선시켜놓고 이 가액으로 파라다이스의 자산가치를 평가하자는 겁니다."

이사들은 홍 회계사의 말에 일리가 있다는 듯 일제히 고개를 끄덕였다.

결국 회의는 합병 쪽으로 결론이 내려졌다. 현철은 어쩔 수 없다는 걸 알면서도 여전히 불안했고, 회의 결과에 만족하지 못했다. 자신의 생각을 강하게 주장하지 못했다는 후회와 자신의 비겁함에 대한 자책을 동시에 느꼈다.

"자산가치 말이야. 재무제표상의 자산에서 부채를 뺀 자기자본을 발행주식 총수로 나누어 계산하는 거, 맞지?"

"그렇지. 하지만 사실 거기엔 회계의 한계가 있어. 어떤 사람은 과거가 곧 미래라고 하지만, 재무제표상의 자산가치는 과거의 기록일 뿐 미래를 완전히 반영하진 못하거든."

현철은 어째 찜찜하다는 표정으로 말을 이어갔다.

"그럼 어떤 것을 봐야 기업가치를 제대로 알 수 있다는 거지?"

진지하게 묻는 현철을 보며 영호가 입을 뗐다.

"간단히 재무상태표는 재산이 얼마나 많은지를, 손익계산서는 얼마나 벌었는지를 보여주는 건데…… 대부분 과거에 대한 성과를 평가하거나 미래를 예측할 때 손익계산서에 의존하는 경향이 있어. 하지만 회사의 실적은 단순히 얼마를 벌었느냐가 아닌, 결국엔 회사의 기업가치로 귀결되는 거지. 그러니까 회사의 가치를 보기 위해서는 손익계산서가 아니라 재무상태표에 기초해야 해. 재무상태표가 현재의 재산가치만 표현하는 건 아니니까."

홍영호 회계사는 회의 때 얘기했던 것과 마찬가지로 현재의 재산에서 창출될 미래의 현금가치가 결국 자산의 가치를 보여준다는 걸 강조했다. 모든 회사는 제값이 있기 마련인데 회계의 가장 힘겨운 싸움은 그 값을 알아내는 씨름이었다. 현재 자산의 가치가 미래의 시작이고, 과거와 미래가 이어지고 있다. 과거를 모르는 사람에게는 미래가 없지만 과거만 이야기하는 사람에게도 미래는 없다. 과거는 미래와 연결될 때 의미가 있는 것이었다. 회계사는 과거를 연구하는 사람이라고만 생각해왔는데, 홍영호 회계사는 미래에 집중하고 있었던 것이다. 대화 도중 홍 회계사의 휴대폰이 울렸다. 구의연 부회장이었다.

구 회장은 이사회 결과에 대해 뭔가 의문점이 있어 홍 회계사를 찾았다.

"회계사님은 이번 합병 건을 어떻게 생각하세요?"

구 회장은 회의 중 줄곧 홍 회계사의 생각을 알고 싶었다.

홍영호 회계사는 사석에서 처음 구의연 회장을 만나는 거라 어떻게 대답해야 할지 몰라 잠시 머뭇거려졌다.

"어쩌면 파라다이스의 사활이 걸린 문제일 수도 있습니다."

구 회장이 이렇듯 진지하게 의견을 구하자, 홍 회계사도 조심스레 말문을 열기 시작했다.

"글쎄요. 합병을 하는가 안 하는가는 중요한 문제가 아니라고 봅니다."

구의연 회장은 의외라는 표정으로 물었다.

"그럼 무엇이 문제입니까?"

"합병의 목적을 잊지 않았으면 하는 게 제 바람입니다."

"합병을 하는 목적이라……. 회계사님께선 이번 합병의 목적을 뭐라고 생각하시는데요?"

구 회장이 다시 되물었다.

"외람된 말씀인지는 모르겠지만, 합병을 하기 전에 파라다이스의 핵심 역량이 무엇인지 생각하는 것이 먼저인 것 같습니다. 가격이 싸다고 사는 건 접근이 잘못된 것 같습니다. 투자는 싸게 사서 비싸게 파는 것이지만 이때 싸다와 비싸다의 기준은 가격이 아니라 가치가 되어야 합니다. 즉, 가치에 비해 가격이 쌀 때 투자가치가 있는 것이지 과거보다 가격이 하락했다고 해서 싸다고 볼 수는 없지요. 파라다이스의 핵심가치가 무엇인지부터 확실히 하고, 그 핵심가치를 키우기 위해서 합병이 추진되어야 한다고 봅니다. 그런데 지금의 합병은 파라다이스의 핵심역량과는 상관없이, 단지 자금조달을 위한 목적에서 진행되고 있는 듯합니다. 가격대비 가치 있는 회사를 만들어야 하는데 가격을 올리기 위해 가치를 파괴하고 있다는 생각이 듭니다."

홍 회계사의 말은 사실이었다. 물건은 할인한다고 사는 게 아니라 필요할 때 사야 한다. 마찬가지로 합병도 회사의 가치를 높일 수 있을 때 해야 하는 것이다.

구의연 회장은 천천히 고개를 끄덕였다. 이번 합병은

홍 회계사의 지적대로 핵심가치와는 무관하게, 부동산을 담보로 자금을 조달할 목적으로 이뤄지고 있었다. 사업을 위해 돈을 조달해야 하는데 돈을 조달하기 위해 사업을 하는 우스운 상황이었다. 게다가 최근 인수합병은 외형적 성장보다 인재 중심으로 이동하는 상황이었다. 즉, 기업이 아니라 인재를 사고파는 쪽으로 흘러가고 있었으나 김연욱은 당장 발등에 떨어진 불을 끄느라 이 흐름을 놓치고 있었다.

그렇게 부동산에 투자하다가는 결국 파국에 이르게 될 것이라 생각하고는 있지만, 구 회장 스스로도 떳떳할 수가 없었다. 자신 역시 수십 년 동안 부동산이나 시설장치에 투자하는 것을 주저하지 않았고, 그 결과 대한이앤씨가 워크아웃을 맞게 된 걸지도 모른다 생각하니 다시금 지난 세월이 후회스러웠다.

하지만 이는 구의연 회장만의 문제가 아니었다. 가치파괴 성장이라는, 지난 30년 동안 계속되어온 한국경제 전체의 문제였다. 달릴 자동차도 없는데 8차선 고속도로만 과잉생산하는 꼴이었다.

민간부문에서 끌어모은 자본과 외국에서 빌려온 자본을 대대적으로 제조업에 투자했건만, 한국경제에 투자된

자본에 대한 평균수익률ROIC, Return On Invested Capital은 차입금에 대한 금융비용을 밑도는 수준이었다. 이는 결국 대부분의 기업들이 대출금을 상환할 만큼의 충분한 이윤을 창출해 내지 못했다는 얘기였고, 냉정하게 말하자면 사실상 기업의 가치를 파괴하는 투자행위였다고 평가될 수 있었다.

이런 현상이 나타난 가장 큰 이유는 낮은 자본생산성에서 찾을 수 있다. 왜냐하면 ROIC는 자본의 생산성에 따라 결정되므로 부가가치를 투입된 자본으로 나눈 수치인 자본생산성이 낮을 경우 이러한 결과가 나올 수밖에 없기 때문이다.

기업의 가치보다는 시장점유율이나 판매량 증대 같은 외적인 성장이 판을 치고 있었다. 돈으로 살 수 없는 가치를 창출해야 하는데 자꾸 돈으로 외적 성장만을 추구했다. 그러나 돈을 주고 산 고객은 더 큰 눈앞의 이익을 좇아 언제든 떠날 수 있는 존재이다. 큰 회사가 주는 이익만 누리고 온 사람들은 오순도순 어깨와 등이 맞닿는 작은 회사의 행복을 알 리가 없었다.

그들은 부지불식간에 기업의 핵심가치를 등한시한 채 짧은 시간에 큰 벌이를 할 수 있는 부동산 투자에 열을 올렸다. 기업들은 급등한 부동산 가격으로 기업활동에서 이루어진 가치파괴분을 메울 수 있었기에 자신의 존재 기반인 가치창출이 붕괴됐음을 인식하지 못한 채 부동산 투자를 계속해 왔다.

이런 현상이 일어난 데에는 가치파괴 현상이 일어나는 초기단계에 자산, 토지와 주식가격의 상승이 두드러지게 문제되지 않는다는 이유도 있었다. 또한 토지, 부동산 등 담보제공에 만족한 채 무분별하게 대출을 해주었던 은행들에게도 책임이 있었다. 결국 여러 요인들이 복합적으로 작용해 당시 기업들은 안심하고 가치파괴라는, 죽음에 이르는 길로 앞다퉈 경쟁적으로 달려나갔던 것이다.

몰락이란, 존재를 잊어버리고 다른 기업을 그대로 닮으려고 무작정 따라가는 것을 의미하는 듯했다. 앞에 가는 양의 엉덩이만 따라가다가 첫 번째 양이 절벽에서 떨어지면 모두 떨어지는 양떼처럼, 기업들은 다른 기업들의 엉덩이만 쳐다보고 우르르 무리 지어 행동하고 있었다.

자기를 파괴시키는 욕망에 몸을 맡기는 자의 운명은 하나뿐임을 구의연 회장은 알고 있었다. 그런데 안타깝게도 지금의 파라다이스는 그 길을 걸으려는 듯 계속해서 부동산에 투자하고 있었다. 엘리트를 인수하려는 것이나 가격 산정을 하는 과정에서 자산을 재평가하려는 의도는 모두 부동산에 비중을 두고 있다는 증거였다.

"김연욱 사장님과의 인연은 제게 있어서도 많은 경험이되었습니다. 다만 한 가지 안타까운 점은 김연욱 사장님께서 가시는 위험한 길을 제가 막아서지는 못한다는 겁니다."

홍 회계사는 회계사라는 직분상 경영권에 간섭할 수는 없었고, 그래서 더욱 마음이 편치 않은 듯했다.

"그럼 홍 회계사가 나라면 어떻게 하겠습니까?"

홍 회계사는 구의연 회장의 물음에 무척 조심스러워졌다.

"과거 기업들을 보면 부동산 사업을 많이 했습니다. 땅을 담보로 대출을 받아 그 돈으로 건물도 짓고 사업도 했죠. 다시 말해, 땅만 사놓으면 건물은 저절로 올라가게 되어 있었던 겁니다. 결국 기업들은 부동산 가격상승이 이자비용을 상쇄하고도 남는다는 생각에 사업보다는 돈놀이에신경을 더 쓰게 된 것이지요."

그러나 부동산 개발을 통해 재벌을 꿈꾸었던 기업인들보다 더 많은 사람들이 부동산 개발로 인해 망해갔다. 홍회계사는 말을 이어갔다.

"그런데 중요한 것은 역사는 반복된다는 사실이고, 지금의 금융위기도 다르지 않다고 봅니다. 저는 이런 역사가반복된 이유를 모두 핵심으로부터 벗어난 탐욕에서 찾아야 한다고 생각합니다. 우리는 기업의 역사를 보고는 있었지만, 제대로 보고 있지는 않았던 겁니다."

은행들의 수익성 증대를 위한 자산경쟁에서 부실채권이 발생했고, 이것이 거품을 일으켜 반복적으로 경제위기를 불러왔다. 여기에 기업들이 자신의 핵심역량에서 벗어난 부동산 투자와 문어발식 경영을 일삼으면서 실물경제는 더욱 악화일로에 빠졌다. 기업은 인간의 잔인함과 탐욕의 거대한 기념비가 되어 갔다. 큰 기업이 작은 기업보다 더 우월하다 여겨 영혼을 팔아서라도 매출과 자산을 늘리는 데 몰두했다. 매순간 기업들이 생겨나고 또 커져 갔지만, 더 이상 기업은 기업답지 않았다. 그들은 모두 길을 잃어버린 세대였다.

기업이란 도대체 무엇인지, 무엇 때문에 존재하는지 알지 못했다. 큰 기업은 큰 기업대로, 작은 기업은 작은 기업대로 그들만의 길을 가며 그들이 해야 할 사회적인 책임이 있다.

은행과 기업이 이렇게 된 배경에는 성장에 대한 환상으로 기업의 본질을 잊게 만든 탐욕이 있었다. 이는 종전의 위기와는 그 성질이 전혀 다른 것이었다. 저성장이나 손실 같은 것은 본래의 생각과 방식으로 극복할 수 있지만, 지금의 상황은 발등에 떨어진 불을 끄느라 자신의 본질까지 잊게 된 심각한 위기였다.

"물건이 아니라 가치를 팔아야 한다는 말인가?"

구의연 회장이 홍 회계사를 향해 물었다.

"김연욱 사장님께서 회장님을 아주 존경하고 있는 것으로 알고 있습니다. 그래서 회장님의 말씀이라면 귀담아들으실 겁니다."

"역사에서 얻은 교훈을 김 사장에게 전해달라는 얘기군."

"네, 역사에서 보듯이 부동산가치를 이용해 돈을 번 사람은 있어도 성공한 사람은 없습니다. 성공은 돈으로 살 수 있는 것이 아니기 때문이죠. 제가 회장님이라면 제주에서 가장 잘할 수 있는 사업이 무엇인지를 김연욱 사장님께 알려드리겠습니다."

구의연 회장은 홍 회계사의 말에 천천히 고개를 끄덕였다.

"기업에 승자는 없는 법이지. 인생처럼."

기업에게 있어 이익을 얼마나 창출하고 돈을 얼마나 벌었는지는 물론 중요하다. 그러나 기업이 성장한 과정이 얼마나 진지하고 치밀한가가 더 중요하다. 기업 자신의 진정한 목적을 가지고 벌어온 이익만이 의미가 있는 것이다.

사람에게 생존 그 자체보다 사람답게 사는 삶이 중요한 것처럼…….

중요한 것은
눈에 보이지
않는다

"회장님 말씀 잘 알겠습니다. 하지만 당장 운전자금을 마련하지 못하면 리조트 문 닫을 지경입니다. 저도 엘리트와 합병하는 게 썩 내키지는 않지만 상황이 이런데 어쩔 수 없지 않습니까?"

김연욱이 갖고 있던 강지훈에 대한 불신은 자금 부족과 양적 성장이라는 욕심 앞에서 허무하게 무너지고 있었다. 상황이 너무 안 좋은 나머지 앞뒤를 잴 수 없는 지경에 이른 김연욱은 구 회장이 뭐라 하든 운영자금 50억 원이 떨어지는 합병을 포기하지 않을 게 분명했다. 회사의 앞날에 대한 두려움이 현실을 올바르게 보지도 듣지도 못하게 했다.

김연욱은 금전적으로나 정신적으로나 거의 파산 상태였다. 보통 그 두 가지는 함께 가는 법이라서, 김연욱은 브레이크가 고장 난 불의 전차에 올라탄 형국이었다.

"그래, 당장 발등에 떨어진 불부터 끄는 게 시급할 수도 있겠지. 그럼 합병 건은 자네 생각대로 하게."

구 회장은 합병 문제를 김 사장에게 일임하고 출장길에 올랐다. 골프대회를 유치해 수익을 높이려는 김연욱 사장의 계획에 따라 시장조사 차원으로 구의연 회장은 직접 마스터스 대회에 참석하기로 했다.

그렇게 구 회장이 자리를 비운 사이 엘리트와의 합병이 진행되었다. 합병회사는 파라다이스, 피합병회사는 엘리트로 하기로 했다. 새로운 회사의 이름은 파라다이스로 유지하기로 했고, 엘리트는 파라다이스의 지점으로 분리되어 김연욱은 파라다이스에, 강지훈은 엘리트에 경영권을 가지면서 동시에 책임을 지는 각자대표 형식으로 합병 내용에 합의했다. 즉, 파라다이스는 김연욱 사장이, 엘리트 사업부문은 강지훈 회장이 각각 대표이사로 등재됐고, 합병 당시의 부채에 대해서는 김연욱과 강지훈이 각각 책임을 지는 것으로 MOU는 체결됐다.

계획대로 엘리트를 담보로 차입금 200억 원을 조달한

김연욱 대표는 그중 50억 원은 파라다이스 운영자금으로 사용하고, 나머지 150억 원은 파라다이스 주식 30퍼센트와 함께 인수대금 명목으로 강지훈 대표에게 지불했다.

"오늘이 우리 모두에게 수금날이군요. 서로의 이익을 위해서 건배합시다."

모든 절차가 순조롭게 진행됐고, 자금줄에 숨통이 트이게 된 만큼 장밋빛 미래가 보장된 것처럼 보였다. 그러나 그 모든 것이 결국 허상이었다는 것을 깨닫게 되기까지는 긴 시간이 걸리지 않았다.

눈에 보이는 것이 전부가 아니었다. 기업을 인수하면 눈에 보이지 않는 문제도 함께 인수받는 법이었다.

파라다이스는 망가진 엔진을 달고 다니는 자동차처럼 자기 스스로를 조절할 수 없었다. 속을 보지 못하고 겉만 본 결과였다. 무엇보다 자금마련에 너무 급급한 나머지 엘리트에 대한 상세한 분석도 없이 합병한 게 화근이었다.

엘리트가 위치한 서귀포시는 그동안 과잉시설투자를 해왔지만, 월드컵경기장을 비롯해 국제컨벤션센터처럼 1000억 원 이상의 투자비가 들어간 시설들이 처음 계획과 달리 잘 운영되지 않았다. 결국 이에 대한 타결책으로 최근 서귀포시는 해외전지훈련을 나가는 스포츠 선수들을 제주도로 끌어들이는 전략을 쓰기로 했고, 그 일환으로 시에서 수영장 등 스포츠 시설들을 거의 실비에 가까운 비용으로 선수들에게 지원하기로 했다. 그러다 보니 인근 엘리트의 단체손님들까지 시에서 운영하는 시설을 찾게 됐고, 엘리트가 받는 영업타격은 하루가 다르게 커져만 갔다. 이러한 사정은 제주에 프로축구 구단이 유치되면서 훨씬 심각해졌다.

"서귀포시에서 프로축구 구단에 월드컵경기장을 비롯해 주변의 정부시설을 거의 독점적으로 이용할 수 있도록 파격적인 지원을 해주고 있답니다."

홍 실장의 보고를 듣는 김연욱 사장의 표정이 어두워졌다.

"가뜩이나 전지훈련단이 정부시설을 이용하면서 매출이 감소했는데 피해가 더 커졌겠군."

김연욱 사장이 짐작 간다는 투로 말하자, 합병에 찬성했던 전기태 기획실장 역시 예상치 못한 결과에 불편한 표정이 되었다.

"네, 어떻게 보면 서귀포시 부지와 건물에 시설장치만 엘리트가 투자한 것이다 보니……. 프로축구 경기가 있는 날이면 구단 쪽에서 아무 거리낌 없이 엘리트 주차장을 비롯해 입구 등을 막고 입장객을 받는다고 합니다."

홍 실장은 가슴이 쓰렸다.

단순히 주차장과 입구만이 문제가 아니었다. 축구경기장이 워낙 크고 VIP석과 일반석, 무료 이용객, 서포터스 등으로 구분하여 입장시키다 보니 축구 구단은 엘리트 시설 앞에 바리케이드를 쳤다. 그 통에 엘리트는 변두리로 내몰린 듯한 인상을 고객들에게 심어주면서 덩달아 엘리트라는 브랜드 이미지까지 피해를 받게 됐다. 최근 급격히 떨어진 엘리트의 매출이 이를 반증했다.

"거기다 이번엔 서귀포시에서 엘리트 매각을 제안해왔다고?"

김 사장이 확인하듯 현철을 쳐다보았다.

"네, 엘리트의 매출도 시원찮으니 프로축구 구단에 엘리트를 매각해, 그 시설을 구단 측에서 개조해 사용하는 게 낫지 않겠느냐는 말을 해왔답니다."

엘리트의 부지와 건물이 서귀포시 소유라는 점에서 이 제안은 받아들일 수밖에 없는, 거의 통보에 가까웠다.

"한 달 사이에 이 정도로 일이 커진 걸 보면, 엘리트와 서귀포시 사이엔 이미 합병 전에 어느 정도 얘기가 오갔던 게 아닐까요?"

전기태 실장이 강지훈 회장에게 문제가 있었던 거 아니냐는 추측을 내놓았다.

그 순간 홍현철 실장과 김연욱 사장은 역시 강지훈을 믿은 게 잘못이었다는 생각이 들었다. 당시 자신들의 상황이 너무 다급했고, 거기에 강지훈 회장에 대한 연민이 더해지면서 치명적인 실수를 해버린 것이다.

서귀포시에서 전략적으로 프로축구 구단을 지원하려 한다는 계획을 김연욱 사장 역시 알고는 있었다. 하지만 합병 진행 과정에서 강지훈 회장은 시의 그런 계획이 오히려 엘리트에 도움이 될 거라며 몇 번이고 김연욱 사장을 안심시켰다.

김연욱 사장은 직접 강지훈을 불러들였다.

"강 회장님, 애초 일이 이렇게 될 거라곤 한 말씀도 하지 않으셨잖습니까?"

하지만 강지훈 회장은 시종 여유 있는 모습이었다.

"사업하다 보면 하루에도 열두 번씩 예상치 못한 변수가 터지는 법 아닙니까? 거기다 김 사장님도 서귀포시에서 프로축구 구단 지원하겠다는 걸 모르지 않았고요. 그리고 이렇게 합병 후 엘리트를 매각하는 게 따지고 보면 저한테도 그렇고 파라다이스한테도 좋은 일 아닙니까?"

당황하는 기색없이 여유있는 표정을 보니 합병 당시부터 강지훈 회장은 지금의 상황을 예측하고 있었던 게 분명해 보였다. 아마 합병 전 엘리트와 서귀포시 사이에는 매각 제안 얘기가 비공식적으로 적어도 한두 번은 오갔을 것이다. 하지만 강지훈 회장은 엘리트가 독자적으로 서귀포시와 협상을 벌이기보다는 파라다이스와 합병한 상태에서 매각협상을 벌이는 편이 우위를 점할 수 있다고 판단했고, 그래서 매각 이야기를 숨긴 채 합병을 추진했던 게 틀림없었다.

김 사장은 그런 강지훈의 교활함이 가증스러웠지만, 한편으론 엘리트의 경영권이 강지훈 회장에게 있는 만큼 매각대금만 잘 받는다면 큰 문제는 없을 것이라 생각하며 대수롭지 않게 여기기로 했다.

그런데 그때 김연욱을 뿌리째 흔들 만한 더 큰 문제가 강지훈의 입에서 튀어나왔다.

"김 사장님, 저는 장부가 명확하길 원합니다. 그런데 저한테 뭔가를 숨긴다는 느낌이 듭니다."

"그런 말은 별로 유쾌하지 않군요."

"유쾌하라고 드린 말씀이 아닙니다."

합병 이후 파라다이스와 엘리트는 내부적으로 회계처리를 각각 분리해왔다. 하지만 외부적으로 한 회사이기에 하나의 재무자료로 합쳐서 처리할 필요가 있었고, 강지훈 회장이 추천한 회계부장이 총괄해 그 일을 담당해왔다. 그래서인지 강지훈 회장은 회계장부 내용을 훤히 알고 있었다. 김연욱 사장은 답답하다는 듯이 목소리를 높였다.

"단언컨대 전 회사 일 외에 딴짓이라곤 해본 적이 없는 사람입니다."

"그 말에 진심이었으면 좋겠습니다. 그리고 말에 대한 책임을 져야 할 거고요. 회계장부는 당신이 어떤 사업가인지를 보여주거든요."

강지훈은 준비된 시나리오처럼 말을 이어나갔다.

"법인카드를 업무추진비로 매월 수 백만원씩 사용했는데 여기에는 개인적으로 사용한 금액이 상당한 것 같습니다. 무엇보다도 내가 궁금한 것은 비자금 20억 원 입니다. 정당한 증빙처리도 없이 매출누락분이 고스란히 회계장부에서 사라졌더군요."

강지훈 회장은 파라다이스의 통장내역과 회계장부 조사를 이미 면밀하게 진행한 듯 숫자를 대는데 거리낌이 없었다. 김연욱의 카드사용내역과 업무일정까지 모두 파악한 상태에서 김연욱을 구석으로 몰아 넣었다.

"뒷조사하는 게 강 회장님이 말하는 신뢰입니까?"

김연욱의 말에도 강지훈은 까딱하지 않았다.

"뒷조사를 한 게 아니라 한 회사가 되면서 자연스레 알게 된 사실이죠. 사실 김 사장 말보다는 돈을 믿었소. 돈은 언젠가 꼬리를 밟힌다는 거 아실 텐데요."

김연욱은 말문이 막혔다.

"강 회장님이 해준 게 대출 밖에 더 있습니까? 돈으로 내 믿음을 산 건 강 회장님입니다."

"그러면 뭘로 믿음을 삽니까? 서로 투자한 돈 때문에 관계를 유지하는 것이죠."

민원업무를 해결하거나 인허가권을 얻기 위해서는 부수적으로 돈이 필요했고, 이를 위해 업계는 매출누락이나 가공경비를 통해 자금을 조성해 왔다. 지금 강지훈 회장은 그러한 자금을 두고 회삿돈을 횡령한 것이라고 말하고 있었다. 순전히 파라다이스의 자금을 사용했다는 점에서 실질적으로 강지훈 회장에게 피해를 준 건 없지만, 어찌 되었건 공동대표로서 회사 자금을 유용했다고 볼 여지가 있었다.

"강 회장님께 상의 없이 돈을 쓴 점은 정말 죄송합니다. 하지만 아까도 말씀드렸듯이, 한 푼도 저 개인을 위해서 쓰

지 않았습니다. 눈에 보이는 것만 믿지 말고 제 말을 믿어
주시기 바랍니다."

김연욱 사장이 인간적으로 호소를 했지만, 강지훈은 여
전히 냉랭한 반응이었다.

"듣자 하니 제주도의 내로라하는 고급 술집들은 김 사
장님을 최고의 VIP라고 모신다던데요? 김사장님의 한가지
큰 문제는 돈을 가볍게 여긴다는 것입니다."

대한이앤씨에 근무하면서 하청 건설업체로부터 수없이
술접대를 받아왔던 김연욱 사장은 이를 비즈니스를 위한
일종의 통상적 절차로 여겼고, 특히나 자신의 사업을 하게
되면서 업체 사람들에게 꽤나 술접대를 해왔던 게 사실이
었다.

"다들 지금 김 사장님처럼 귀에 걸면 귀걸이 코에 걸면
코걸이 식으로 말하겠죠. 하지만 이건 단순히 액세서리 얘
기가 아니라 회삿돈 얘기입니다! 우리나라 사람들은 회삿
돈과 개인 돈을 구별하지 못하고 회삿돈을 호주머니 돈처
럼 사용하는 나쁜 습관이 있어요. 그러나 법인은 법률에서
인정해준 인격체이고, 회사에서 번 돈은 법인 돈이지 대주
주나 경영자 개인 돈이 아니란 말입니다."

강지훈은 이 문제를 자신의 뜻대로 따르지 않으면 법적

으로 해결하겠다는 듯이 강경한 자세였다.

"그럼 어떻게 하면 되겠습니까?"

김연욱이 조각상처럼 굳어져 강지훈을 응시했다.

"당장 회사에서 가져간 돈을 제자리에 갖다 놓으세요."

"대체 얼마나요?"

"최근 확인된 금액만 모두 20억 원이 넘더군요."

"20억이요?"

입이 딱 벌어진 김연욱의 면전에 강지훈은 증빙자료를 내놓았다. 장부에서의 20억 매출누락분과 통장에서 똑같이 사라진 20억 원. 강지훈 회장은 사전에 철저하게 준비를 해왔던 것이다.

20억 원이나 되는 돈을 어디서 마련할지 눈앞이 깜깜했다.

"만약 제가 그 돈을 마련하지 못하면요?"

김연욱의 반문에 강지훈은 또박또박 준비해온 말을 했다.

"오는 길에 잠깐 변호사 사무실에 들러 물어보니까 이런 경우 김 사장님이 공동대표로서 회사자금을 횡령한 게 명백한 만큼 형사책임을 물을 수도 있다더군요."

"고소라도 하겠다는 말인가요?"

너무 분한 나머지 김연욱 사장의 언성이 높아졌다.

"서로 불편한 절차까지 안 가려면 일주일 안에 20억 가져다 놓으세요."

"일주일이요? 일주일은 불가능합니다."

"정 힘드시면 주식이라도 저한테 넘기시던가요."

강지훈은 용도가 끝난 폐석처럼 김연욱을 버리려는 의도를 더욱 분명히 했다. 강지훈 회장이 그토록 회사를 합병하려고 했던 이유가 이제 서서히 드러나고 있는 것이다.

강지훈 회장은 현재 7대 3으로 되어 있는 지분 중 30퍼센트를 요구해왔다. 만약 그 요구대로 30퍼센트의 지분을 강지훈에게 준다면 김연욱 사장의 회사 지분은 40퍼센트가 되고, 강지훈 회장은 60퍼센트의 지분을 확보하게 된다. 결국 이는 비자금 횡령을 문제 삼아 주식을 거의 후려치겠다는 속셈이었고, 파라다이스의 주식 30퍼센트가 단돈 20억 원 때문에 날아가는 꼴이 됐다. 김연욱은 피 흘리지 않고 20억 원이라는 살만 딱 떼어주고 끝나기를 원했지만, 강지훈은 살 뿐 아니라 피를 보고자 했는지 주식으로 결정되는 회사 소유권을 원하고 있었다. 김연욱이 회사에서 쫓겨나는 것처럼 되고 있었다. 아니, '처럼'이 아니라 이미 쫓겨난 것이었다.

"나의 불행으로 강 회장님이 이익을 보겠다는 건가요? 이건 강탈이나 마찬가지죠."

"솔직히 그건 내가 알 바 아닙니다."

"정말 양심이 없군요."

김연욱의 말에 강지훈이 곧바로 받아쳤다.

"김 사장님은 염치가 없잖소. 내 양심은 돈의 문턱을 넘지 못합니다. 돈 만한 미덕도 없거든요."

김연욱 사장은 강지훈 손 안에서 놀아나고 있었다.

"이렇게까지 해서 돈을 벌어야겠습니까?"

"이렇게 해야만 하는 저도 마음이 편치 않습니다. 그러나 돈에는 선과 악이 없습니다."

처음에 꾸었던 꿈은 그토록 달콤했건만 현실은 고통이었다. 이솝우화의 베짱이처럼 김연욱은 인생의 겨울이 다가온 뒤에야 자신의 잘못을 깨달았다. 주변의 만류에도 불구하고 당장 운전자금에 눈이 멀어서 합병을 추진했고, 결국 벼랑끝까지 몰리게 된 것이다. 아주 짧은 한순간의 유혹에 빠져든 결과, 그는 잘못된 길로 들어서고 말았다.

파트너와의 관계는 늘 바뀔 수 있었고 투자자의 요구는 항상 발목을 잡을 수 있었다. 투자를 받을 때는 천사의 구원 같았지만 종국은 악마와의 거래로 치닫고 있었다. 자신이 잘못 선택한 일이라서 누굴 원망할 수도 없었다.

생각할수록 힘이 빠지고 외로웠다.

ESG는
고객의 마음을
얻는 것

"현철아, 들었어?"

서귀포시에 근무하는 공무원 친구는 오랜만에 전화를 걸어서는 인사도 생략한 채 대뜸 그렇게 물었다.

"전화했으면 안부부터 물어야지, 자다가 봉창 두드리는 것도 아니고 다짜고짜 뭘 들었냐는 거야?"

"너희 회사에서 인수했던 엘리트 땅을 서귀포시에 귀속시키기로 결정이 났어."

현철은 놀란 나머지 순간 말문이 탁 막혔다. 이미 서귀포시에서 엘리트 측에게 매각을 요청했다는 사실은 알고 있었지만, 이렇게 빠르게 일이 진행될 줄은 몰랐다.

수화기 너머로는 친구가 그동안 엘리트 땅이 서귀포시

와 어떤 관계였고 그래서 어떻게 결정이 내려졌는지에 대해 설명해주고 있었지만, 이미 내막을 훤히 아는 현철은 친구의 말이 재방송처럼 들렸다.

'어쩌면 적자를 보느니 매각대금만 괜찮다면 매각하는 게 우리한테 더 이로울 수도 있어.'

현철은 이번 엘리트 매각 건을 긍정적으로 받아들이기로 마음먹고 있었다. 수화기를 내려놓자마자 다시 내선 전화벨이 울려댔다. 이번엔 김연욱이었다. 오랜만에 단둘이 저녁에 소주 한잔 걸치자는 얘기였다.

별다른 앞뒤 말도 없었지만 김연욱의 가라앉은 목소리를 통해 현철은 방금 전 친구로부터 전해 들은 엘리트 매각 건 때문일 거라는 짐작을 할 수 있었다.

"사업 초창기에는 힘들었던 만큼 자네랑 마주앉아 술잔을 주거니 받거니 하는 날이 많았는데……. 이렇게 단둘이 술 마셔본 게 얼마만인지 모르겠네."

김연욱과 홍현철이 대작을 한 것은 정말 오랜만이었다. 현철의 잔에 술을 따라주는 김연욱은 착잡한 표정이었다.

"사업이 안정권에 접어들면서 사장님과 단둘이 술 마시는 대신 업체 미팅 자리가 많아졌죠. 눈코 뜰 새 없이 바빠졌고, 그래서 회사도 커진 거고요."

엘리트 부지 매각 건 때문에 사장이 언짢은 기분이라 생각한 현철은 가능한 한 기분 좋게 술자리를 끌어가고 싶었다.

"뭐 때문에 이렇게 쉬지도 않고 달려왔을까? 참 무상하네."

김연욱은 시종 안색이 어두웠고, 당장의 어려움을 드러내지 않으려고 노력하는 모습을 보면서 현철은 더욱 무슨 말을 해야 할지 몰랐다. 이렇게 흐트러진 김연욱의 모습이 낯설었다.

현철이 먼저 엘리트 매각 건 얘기를 꺼낼까 머뭇거리고 있을 때 다시 김연욱이 자책하듯 입을 뗐다.

"홍 실장은 아무것도 없는 나를 믿고 여기까지 따라와 주었는데 난 자네한테 해준 게 아무것도 없네."

순간 현철의 가슴이 요동치기 시작했다.

"아닙니다. 사장님 모시면서 저 지금껏 한 번도 후회해 본 적 없습니다. 돈 주고도 살 수 없는 많은 걸 배웠고, 그 점 항상 감사하게 생각하고 있습니다."

김연욱 사장은 그렇게 말하는 현철이 너무 고맙고 또 미안해서 차마 고맙다는 말도, 미안하다는 말도 할 수가 없었다.

"사장님, 너무 걱정하지 마십시오. 엘리트 땅을 매각한다 하더라도 달라질 건 별로 없습니다."

현철의 말에 김연욱은 짐짓 놀라는 기색이었다. 현철이 어디까지 알고 있는 건지, 단순히 엘리트 부지 매각 건만 아는 건지 아님 비자금 건까지 이미 알고 있는 건지 가늠할 수가 없었다.

"서귀포시에 근무하는 공무원 친구한테 들었습니다. 저도 처음 그 얘길 들었을 땐 많이 놀랐는데, 생각해 보니까 우리 파라다이스한테 나쁠 게 없더라고요. 어쩌면 오히려 더 잘된 걸 수도 있죠. 강지훈 회장과 동업을 계속하는 것도 좀 껄끄러웠는데 잘만 하면 이참에 관계를 청산할 수도 있고요. 이거야말로 어떻게 보면 기회일 수도 있지 않습니까?"

현철이 취기에 김연욱을 위로하고 있을 때 김연욱이 입을 열었다.

"홍 실장, 비자금 얘기 알고 있나?"

현철은 순간 어리둥절했다.

"비자금이라뇨?"

엘리트 부지 매각 이야기에서 갑자기 왜 비자금으로 이

야기가 튀는지 현철은 의아하기만 했다. 현철이 무슨 이야기인지 모르겠다는 듯 눈만 멀뚱거리고 있자, 김연욱은 비자금 문제로 강지훈이 자신에게 지분 양도를 요구했다는 사실을 힘겹게 털어놓았다.

"그럼 강지훈 회장 지분이 60퍼센트가 되는 거네요?"

현철은 눈앞이 아찔해지고 땅 밑이 무너져내리는 느낌에 술이 깼다. 며칠 동안의 고민 끝에 현실을 받아들이기로 결심한 김연욱은 담담한 모습이었다. 그리고 그런 김연욱 앞에서 현철은 어떤 말도 할 수가 없었다. 초연하려 애쓰지만 저 속이 얼마나 미어질까? 김연욱은 지금 한순간 세상이 끝나버렸다는 절망감 한가운데서 벼랑 끝으로 떨어지지 않기 위해 간신히 버티고 있는 것이다. 대한이앤씨를 퇴사한 후 모든 것을 쏟아부은 6년이 물거품이 되어버렸다는 사실은 담담하게 받아들이기엔 너무 잔인하고 고통스러웠다.

"20억 비자금을 무기로 지분을 30퍼센트나 요청한단 말입니까? 아니, 무슨 그런 날도둑놈이 있습니까?"

현철은 당장 강지훈을 찾아가 주먹이라도 날리고픈 심정이었다. 김연욱은 침통한 듯 아무 말도 하지 않고 괴롭게 술만 들이켰다. 그 모습을 보며 현철은 정말이지 칼만 안 들었을 뿐 돈이라는 건 사람 잡는 강도라는 생각이 들었다.

물론 20억 자금을 증빙 없이 사용한 게 잘한 일은 아니었고, 비난받을 수도 있는 일이긴 했다. 하지만 여기엔 정상참작이 들어가야 한다는 게 현철과 김연욱의 입장이었다. 사업을 하다 장부에 드러내기 힘든 로비 자금이 들어가는 것은 한국 사회에서 공공연한 비밀이기도 했다. 더욱이 김연욱은 그 20억 원 가운데 단 한 푼도 자신을 위해 쓰지 않았다. 그럼에도 강지훈은 20억 원 비자금을 무기로 김연욱 사장을 협박하고 있었다.

'이런…….'

현철은 분통이 터졌고, 자신과 김연욱의 인생을 이렇게 짓밟고 있는 강지훈을 떠올리며 술잔을 단숨에 비워냈다.

"그래서 사장님께서는 30퍼센트 지분을 주실 생각이십니까?"

현철은 숨을 몰아쉬며 말했다. 물론 이는 어리석은 질문이었다. 지분을 넘길 것인지 아닌지를 선택할 수 있는 상황은 이미 아니었다. 일주일 내로 20억 원의 자금을 회사 통장에 넣지 못한다면 김연욱의 의지와는 상관없이 지분을 강지훈에게 넘겨야 했다.

"구의연 회장님께 말씀드려보면 어떨까요?"

현철은 지푸라기라도 잡는 심정으로 말했지만 김연욱

은 단호히 고개를 내저었다.

"그건 안 되네."

"회장님이라면 이 문제를 해결해줄 수 있을지도 모르잖습니까?"

현철은 무슨 수를 써도 지분 양도만큼은 막고 싶었지만, 김연욱의 입장은 달랐다. 이미 구의연 회장으로부터 퇴직금을 포함해 많은 돈을 지원받은 마당에 더 도움을 청하기도 염치가 없었고, 애초 구 회장이 합병을 반대했다는 사실을 떠올린다면 더욱이 손을 내밀 수가 없었다.

"회장님께는 비밀로 해주게. 절대 이 사실을 회장님께 말씀드려서는 안 되네."

현철은 그런 김연욱의 속마음을 어렴풋이 짐작할 수 있을 것 같았다. 공연히 스승 같은 구의연 회장에게 사실을 알려 심려를 끼치느니 일이 매듭지어진 후 사실을 알리는 편이 김연욱 입장에선 나을 것이다.

비자금 문제로 한숨만 내쉬고 있던 차에 구의연 회장이 마스터스 대회에서 돌아왔다. 제주공항으로 마중을 나간 현철은 회사로 돌아오는 차 안에서 불쑥불쑥 비자금 이야기를 꺼내고 싶은 마음이 들었지만, 구 회장에게는 비밀로

해 달라는 김연욱의 말을 떠올리며 가까스로 참았다. 어찌 됐건 나중에라도 구의연 회장이 사실을 알게 되면 안타까워할 건 분명했다. 하지만 사실대로 이야기한다고 해서 도와줄 수 있는 상황이 안 된다면 차라리 구의연 회장은 모르게 하는 게 나을지도 모른다.

"회장님, 마스터스 대회는 어떠셨는지요?"

홍 실장은 생각을 떨쳐내려는 듯 마스터스 대회 쪽으로 이야기를 돌렸다. 가파른 오르막과 내리막이 반복되는 오거스타 코스를 팔순을 넘긴 구 회장이 대회기간 내내 참여했기 때문에 건강이 걱정이 되기도 하였다.

"대회가 잘 관리되고 있더군. 대회가 훌륭하니 좋은 선수들이 모이기 마련이고. 출전 자격이 엄격한 것도 그렇고, 기업들 후원 없이 자체적으로 대회를 치르는 대회 운영 방식이 독특하기도 하지."

구의연 회장은 마스터스 대회를 통해 많은 걸 느낀 듯했다.

"일반 골프 대회장에서 흔히 볼 수 있는 광고 입간판이나 관람용 텐트 하나 없는 걸 보고 처음엔 무척 놀랐다네. 심지어 프로암 대회도 열지 않더군."

"그래도 수익이 나나요?"

"얼핏 보면 참 '멍청한 장사'를 하는 것 같은데, 실은 그게 전혀 그렇지가 않았어. 마스터스의 경영철학을 보면 돈을 버리니 1등의 명예를 얻었다는 거야. 돈 보기를 돌 같이 하는 대회더군."

구 회장의 대답에 현철은 깜짝 놀라지 않을 수 없었다. 기업 후원 한푼 없이도 적지 않은 돈을 남기며 대회를 치른다는 건 거의 불가능하다고 생각했기 때문이다. 구 회장의 설명에 따르면, 아무나 대회에 출전할 수 없듯이 아무나 이 대회를 구경할 수 없도록 만든 마스터스 대회의 철저한 '명품 마케팅'이 그런 결과를 가능케 했다고 한다.

특히 구 회장은 미국과 유럽에서 시작하여 화두가 되고 있는 ESG도 이와 비슷하다고 하였다.

"ESG의 중요한 효과 중 하나는 ESG 평판이지. 과거에는 이익을 내서 평판을 높이려고 했었지만 이제는 평판이 회사에 이익을 가져다 주는 시대가 온 거야. ESG 평판은 부와 직결되기 때문에 ESG를 잘하면 기업의 부는 늘어나지만 ESG를 잘하지 못하면 기업의 부는 담보될 수 없어. 장사꾼은 보이는 것을 팔지만 사업가는 보이지 않는 것에 투자를 해야지."

그러나 홍 실장은 여전히 이해가 되지 않는 듯 고개를

갸웃거렸다.

"하지만 우리 파라다이스가 마스터스의 마케팅을 그대로 따라 하기는 어렵지 않을까요?"

"메이저 대회 중 마스터스 대회가 가장 역사가 짧지. 자금력도 조직력도 없는 일개 골프장에서 시작한 대회가 최고의 권위를 갖게 된 것을 배웠으면 하네. 브랜드는 회사의 크기가 아니라 존재의 크기라네. 마스터스가 그런 명품 마케팅을 할 수 있는 건 바로 돈이 아니라 회사의 경영원칙과 문화를 지켰기 때문이야. 마스터스가 이러한 기본에 충실한 결과 최고의 권위를 얻게 된 것이지."

구 회장은 숨을 잠시 고르고 중요한 말을 하려는 듯 낮은 목소리로 천천히 말을 이어나갔다.

"ESG경영은 고객의 마음 얻기네. 마스터스 담장 안에서 파는 먹거리는 가격이 거의 월마트 수준이네. 조금만 손님이 몰리면 음식값을 올리는 골프장들과는 갤러리를 대하는 자세부터가 다르더군. 골프장은 돈을 벌기 위해 갤러리를 이용하지 않겠다고 하더군."

"물론 명예도 좋지만 사업은 일단 돈을 버는 것이어야 하지 않나요?"

홍 실장의 의문에 구 회장이 여유있게 웃으며 대답했다.

"마스터스는 그래도 돈을 벌고 있다고 10년째 가격을 안 올리고 있네. 다만, 돈이 명예보다 우선할 수 없다는 철학이 있는 것이지. 대회가 끝나면 코스 관리를 위해 5개월간 휴장에 들어가는 것도 메이저 대회를 돈버는 수단으로 생각하는 다른 대회와는 대조되는 부분이지. 그렇게 번 돈도 아마추어 골퍼들 후원비로 사용한다네. 마스터스는 대회가 열리는 오거스타 지역에 엄청난 경제효과를 가져다준다는 군. 50억 달러의 경제효과와 일자리 6만 개를 창출한다는데 과연 마스터스가 돈을 못벌었다고 할 수 있을까? 분명한 것은 마스터스가 고객의 마음을 얻었다는 것이지. 이것이 ESG경영의 핵심 같네."

구 회장의 말처럼 무형자산의 가치는 더욱 중요해지고 있었다. 기업의 가치를 평가할 때 공장이나 건물과 같은 유형자산보다 브랜드나 지식과 같은 무형자산의 비중이 훨씬 커지는 추세이고, 선진 기업들은 브랜드를 가장 중요한 무형자산으로 인식해 이를 육성하기 위한 노력을 해오고 있다. 즉, 재무상태표는 이미 회사에 일어난 일을 보여주고 손익계산서는 현재 일어나고 있는 일을 보여주지만, 무형자산은 앞으로 일어날 일을 보여주는 것이다.

게다가 최근에는 ESG까지 주가에 영향을 주고 있어

ESG리스크는 기업가치를 감소시키고 ESG성과는 기업가치를 높이는 역할자가 되었다. 그리고 기업에게는 과거와 현재보다 미래가 훨씬 중요하다.

홍현철 실장은 홍영호 회계사가 그토록 강조했던 신뢰라는 말이 문득 생각났다. 이 신뢰야 말로 회사의 보이지 않는 가치를 결정하는 셈이다. 그제야 홍 실장은 구 회장이 무슨 말을 하려는 건지 알 것 같았다.

구 회장은 ESG경영의 핵심이 비즈니스 모델의 혁신이라는 것이라고 말하고 있었다. 세대의 변화와 자본주의의 변화는 비즈니스 모델 자체를 바꾸었고 ESG는 기업의 생존요건이나 성공요인이라는 것이었다. 하지만 당장 회사에 비자금 건이 터진 이 상황에서 자신이 무얼 해야 할지 갈피를 잡기조차 어려웠다.

"그러면 파라다이스는 지금 당장 어떻게 해야 할까요?"

구의연 회장은 잠시 생각에 잠기는 듯하더니 이내 입을 열었다.

"사실 그 문제에 대해선 나도 정답을 아직 잘 모르겠네. 정답을 찾자면 많은 고민과 시간이 필요하겠지. 하지만 이 시점에서 한 가지, 우리 회사가 너무 급하게 간다는 걱정이 자꾸만 드네."

"급하게 가다니요?"

홍 실장의 눈이 휘둥그레졌다. 파라다이스는 급속도로 성장해왔고 홍 실장도 이를 항상 자랑스럽게 생각했다. 그런데 구의연 회장은 오히려 이 점을 걱정하고 있다니 의외였다.

"실패한 기업은 그 이유가 각양각색이지만 성공한 기업은 그 이유가 대부분 비슷하다네. 진리는 대부분 평범한 법이지. 제주도의 관광지들을 한번 돌아보게. 이익이 많이 나고 탄탄한 회사들 대부분은 짧은 시간 안에 규모를 키우기보다는 오랫동안 회사를 일궈왔을 걸세. 나도 최고가 되기 위해 앞만 보고 달려왔는데 소중한 것들을 대부분 놓치고 말았더군."

구 회장의 얘기를 듣다 보니 우리나라 회사들은 기업의 본질과 무관하게 비교하기 쉬운 숫자로 서로 줄 세우기를 하고 있었고, 조금이라도 앞자리에 서기 위해 눈에 보이는 외형 성장에 집착하고 있다는 생각이 들었다. 규모로 매긴 순위가 무슨 의미가 있을까. 그런 생각들을 하는 사이에 홍 실장이 운전하는 차는 제주 시내를 벗어나 골프장으로 향하는 일주도로에 들어섰다. 30분 후면 회사에 도착할 게 사실인데 홍 실장은 이대로 영영 구의연 회장에게 비자금

이야기를 못 하게 되는 건 아닌지 초조해졌다.

'아무리 사장님이 말렸지만 그렇다고 이렇게 손 놓고 있을 순 없지 않은가. 대한이앤씨를 나와서 청춘을 쏟아부은 파라다이스란 말이다! 어쩌면 사장님은 은근히 내가 구 회장님께 사실대로 말하는 걸 원할지도 몰라.'

망설임 끝에 홍 실장은 구의연 회장에게 그동안의 일을 털어놓기로 했다.

"사장님은 회장님께서 걱정하실까 봐 말씀드리지 말라고 신신당부를 하셨지만, 제 생각엔 말씀드리는 게 도리인 것 같습니다. 또한 회장님께서는 경험과 연륜이 많으시니 어쩌면 이 사태를 해결할 묘책을 알고 계시지 않을까 하는 생각도 들어, 이렇게 말씀드립니다. 사실은……."

홍 실장은 그렇게 20억 비자금 문제를 꺼내놓았다. 홍 실장의 이야기를 듣는 내내 그리고 얘기가 끝난 후에도 구의연 회장의 얼굴에는 짙은 어둠이 드리워져 있었다. 무거운 침묵만이 이어졌다.

구 회장은 재산까지 털어 투자했던 회사가 이 지경이 되었다는 것보다 더 이상 김연욱을 도와줄 수 없다는 사실에 더 미안해 하고 있었다.

회사에 도착한 구의연 회장은 곧장 홍 실장을 대동한 채 사장실로 향했다. 구의연 회장도 홍현철 실장도 20억 비자금 문제에 대해서 이야기를 꺼내진 않았지만, 김연욱은 구 회장의 굳은 안색을 통해 이미 그가 모든 사실을 알고 있음을 짐작할 수 있었다.

김연욱 사장과 홍 실장은 처분을 기다리는 심정으로 구의연 회장의 침묵이 끝나기만을 기다리고 있었다.

잠시 후, 뜻밖의 말이 구 회장의 입에서 튀어나왔다.

"내 언젠가 자네한테 말했지? 더 이상 자네에게 도움을 줄 수 없겠다 싶으면 회장 자리에서 물러나겠다고……. 지금이 바로 그때인 것 같네."

청천벽력과도 같은 얘기였다. 홍 실장은 자기가 공연한 얘기를 꺼내 구 회장이 회사를 떠나기로 한 건가 싶어 당황스러웠고, 구 회장이 이미 비자금 문제를 알고 있다는 사실을 눈치챈 김연욱 사장은 자신을 도와주지 못하는 미안함 때문에 구의연 회장이 회사를 떠나려 한다는 걸 알기에 죄스러웠다.

"회장님. 저 혼자 힘으로 회사를 운영하는 건 불가능하다는 거 잘 아시지 않습니까?"

김연욱의 목소리에는 흐느낌이 섞여 있었다. 사실 이렇

게 된 데에는 김연욱 자신의 잘못이 컸다. 회장으로 모셔놓고 이제껏 구의연 회장의 충고들을 무시해 왔던 자신의 모습이 떠올라 그저 구 회장께 죄송한 마음밖에 없었다. 당장의 자금 문제 해결에 급급해 주변의 조언을 새겨들을 여유를 잃은지 오래였던 것이다.

자신이 아끼는 김연욱에게 예전의 모습으로 돌아갈 시간을 갖게 하기 위해서라도 구 회장은 지금 그의 곁을 떠나야 한다고 판단했다. 분명 김연욱 말마따나 지금과 같은 절망적인 상황에서 혼자 일어서기란 여간 힘든 게 아닐 것이다.

"샷 한번 잘못했다고 골프를 망친건 아닐세. 자네도 알다시피 골프는 미스 샷을 빨리 잊고 다음 스윙을 생각하는 것이 중요하네. 자네의 다음 샷을 항상 기대해왔고 앞으로도 그럴걸세. 아참 그리고 홍영호 회계사 말일세. 그 사람이 나이는 어린데 참 심성이 곧고 생각이 깊더군. 가까이 하면 김 대표에게 도움이 될걸세."

짧은 말이었지만 많은 것을 담고 있었다. 떠나기로 한 결심을 돌릴 마음이 없다는 의지의 표현이기도 했고, 이 역경을 이겨내고 다시 일어설 수 있음을 믿는다는 신뢰이기도 했다.

구 회장의 결심이 확고하다는 사실을 확인한 김연욱 사장은 깊은 한숨을 내쉬고는 이내 마음을 다잡은 듯 목소리를 가다듬고 물었다.

"앞으로 어떻게 지내실 건가요, 회장님?"

"여행이나 떠나보려네. 나는 자유니까. 행복한 여행을 하려면 가볍게 여행해야 한다네. 천년만년 살 것처럼 소유하며 살지만 우리는 모두 잠시 머물다 가는 여행자 아닌가? 지나가는 존재일 뿐이지. 누군가 말했지. 우리가 얻을 수 있는 부유함은 우리가 내려놓을 수 있는 것과 비례한다고 지금까지 늘 뭔가 가지려고 애쓰며 살았으니 이제 그걸 버리며 살기 위해 연구해야지. 지금껏 살아왔던 것이 자유를 향한 여정 이었다는 생각이 드네."

구의연 회장은 머리부터 발끝까지 늙어버렸지만 사람에 대한 바다처럼 깊은 믿음으로 껄껄 웃으며 현철에게 마지막 당부를 했다.

"자네가 김연욱 사장을 잘 보필하게."

"네, 회장님."

구 회장에게 괜한 심려를 끼친 것 같아 홍 실장은 목이 메었다.

다음 날, 구의연 회장은 퇴임식도 없이 직원들과의 간
단한 인사를 끝으로 파라다이스를 떠났다.

숨은 진주를
보여 주는
연결재무제표

"네 고객들 중 제주도에 있는 회사들 꽤 되지? 그 회사들 재무제표 좀 보게 해주라."

현철은 영호에게 전화를 걸어 그렇게 청을 했다.

"그건 왜?"

영호는 현철이 갑작스레 재무제표 얘기를 꺼내자 무슨 일인가 싶은 모양이었다.

"구 회장님 조언도 있고 해서, 이참에 제주에 있는 회사들 재무제표 좀 검토해 보려고."

현철은 영호의 고객이니 다른 회사들 정보야 쉽게 얻을 수 있을 거라 생각한 것이다.

"다른 회사들 어떻게 사업하는지 알아보려고 재무제표

를 살펴보겠다니, 네가 이제 진짜 회계공부를 시작하려는 모양이구나."

영호는 수화기 너머로 너털웃음을 지었다.

"그러니까 재무제표 좀 보여줘. 비밀은 보장할게."

그러나 대수롭지 않게 여겼던 현철의 생각과 달리 영호는 뜻밖의 말을 했다.

"우리가 아무리 친한 사이라도 고객 정보를 노출시키는 건 안 될 일이야."

어째 영호가 뻣뻣하게 나오는 것 같아 현철은 살짝 빈정이 상했지만, 다시 부탁해 보기로 했다.

"너, 나 못 믿어? 비밀은 절대 지킨다니까 그러네."

"너를 못 믿어서가 아니라 내 입장이 그래. 회계사의 가장 큰 자산은 고객과의 약속이거든. 내가 너한테 우리 고객 정보를 준다면, 그건 언제고 파라다이스 회사 정보도 다른 회사에 넘길 수 있다는 말이나 다름없잖아. 그런 회계사랑 넌 거래하고 싶겠어?"

듣고 보니 구구절절 맞는 말이라, 현철은 대꾸할 말이 없었다.

그때 수화기 너머로 다시 영호의 목소리가 들려왔다.

"그렇지만 방법이 없는 건 아니지."

"뭐?"

"전자공시시스템에 가면 회계감사를 받은 회사들의 재무제표가 공표되어 있을 거야. 누구든 이용할 수 있도록 열어놓은 거니까, 거기 들어가면 원하는 정보를 맘껏 찾을 수 있단 말이지."

그제야 현철은 전에 영호로부터 금융감독원의 전자공시시스템에 재무제표가 공시된다는 말을 들었던 기억이 떠올랐다. 그 말을 들었을 당시엔 파라다이스 재무제표만 확인해 보자고 생각했을 뿐 다른 회사 정보를 찾아볼 생각은 아예 하지 않았다.

전화를 끊은 후 현철은 곧바로 전자공시시스템에 들어가 제주도에 있는 골프장과 리조트, 그리고 관광지 이름들을 검색해보았다. 하지만 몇몇 회사만 쉽게 찾을 수 있을 뿐 대부분의 회사들은 잘 검색이 되지 않는 게 아무래도 관광지 이름과 법인등기부등본상의 회사 이름이 다른 게 문제인 듯했다. 그래서 현철은 각 회사의 홈페이지에 일일이 접속해 회사 본래 이름을 파악한 다음 다시 검색하느라 상당한 시간을 소요한 끝에 드디어 원하는 재무제표들을 찾을 수 있었다.

그때부터 현철은 몇 날 며칠 재무제표들을 살피기 시작했다. 여러 회사의 재무제표들을 살피는 과정에서 현철은 재무상태가 탄탄한 기업들은 공통적으로 모두 부채가 적다는 사실을 알 수 있었다. 즉, 차입금과 이자비용이 거의 없거나 아주 적은 회사들만이 이익도 많이 내고 있었고 재산 보유도 많았다. 그 외에 추가적인 공통점을 하나 더 들자면, 구 회장의 말처럼 다들 역사가 오래됐다는 점이다. 최소한 20년 이상의 역사를 가지고 있는 회사들이 안정적인 수익구조를 가지고 있었고, 그에 반해 초창기에 대규모 투자를 통해 빠르게 성장한 회사들은 자금조달의 한계에 부딪쳐 심각한 유동성 문제를 겪고 있었다. 파라다이스와 같은 상황에 처한 회사들이 적잖게 있다는 사실에 현철은 묘한 동질감을 느끼면서도 씁쓸한 기분마저 들었다.

'우리 파라다이스가 유동성 문제를 겪고 있다면 엘리트 상황은 어떨까?'

합병 논의가 있을 때부터 엘리트의 재무구조를 검토해온 현철은 엘리트의 재무제표를 어느 정도는 파악하고 있었다. 하지만 그때의 재무제표는 엘리트 측에서 제시한 감사보고서상의 재무제표였을 뿐 엘리트와 관련된 회사들의 재무제표를 전부 살펴본 것은 아니었다.

역시나 전자공시시스템에는 엘리트에 관한 정보가 상세하게 나와 있었지만, 기존에 봐왔던 재무제표와 같은 내용이었을 뿐, 특별히 새로운 사항은 없었다. 다만 그때까지 대수롭지 않게 여겼던 주석과 기타 공시사항들을 통해 새롭게 알게 된 사실들이 많았다. 그중 하나가 강지훈이 실질적 오너로 있는 계열사들 간에 거래가 아주 많다는 점이다. 주석에는 처음 들어보는 계열사들의 이름이 여럿 있었는데, 특수관계에 있는 회사들과 엘리트 사이에는 매출거래가 많았고, 이들 대부분이 매출채권의 형태로 남아 있다는 사실 또한 확인할 수 있었다.

"저기…… 내가 어느 회사 재무제표를 보니까 특수관계에 있는 회사들끼리 거래가 많고 매출채권도 많은데, 이건 무슨 의미야?"

현철은 영호에게 전화를 걸어 슬쩍 그렇게 물었다. 김연욱 사장이 얘기를 꺼내기 전까진 자신이 먼저 비자금에 관한 얘기를 외부에 발설하기가 좀 그래서, 회사 내부 사정을 가능한 한 드러내지 않기 위해 넌지시 엘리트가 아닌 다른 회사 얘기처럼 말했다.

"그렇다면 아무래도 매출이 부풀려졌을 가능성이 높지."

영호의 의견은 현철의 예상과 일치했다. 하지만 좀 더

확실히 할 필요가 있었다.

"매출이 부풀려졌다는 사실을 좀 더 확실하게 확인하고 싶은데, 방법이 없을까?"

"연결재무제표를 확인하면 좀 도움이 될 거야."

"연결재무제표?"

"개별재무제표가 집안의 한 개인을 보여주는 것이라면, 연결재무제표는 가족을 보여주는 거라고 할 수 있어."

현철은 찢어지게 가난했던 어린 시절이 생각났다. 딸뿐인 집의 외동아들이었던 데다가 공부도 현철이 가장 잘했기 때문에, 어머니는 손님이 오면 항상 현철 이야기만 하곤 했다. 밖에 나가서도 항상 아들 자랑만 하셨다. 그래서인지 어머니는 밖에서 자식 농사 잘 지은 사람이라는 말을 많이 들었다. 어찌 보면 현철이 형제들을 대변했지만, 사실 형제들을 평균해보면 공부도 중간 정도였고 딱히 자랑할 만한 요소도 없었다. 하지만 다른 사람들은 그 이면의 진실을 몰랐다.

이런 것이 기업에도 그대로 나타나고 있다는 생각이 들었다. 잘나가고 있는 회사를 보고 그 가족 회사들도 모두 좋다고 평가해 버리는 것이다. 반짝인다고 다 금이 아니듯이 눈에 보이는 것이 전부가 아니다. 재무제표도 그림자에 불과하고 겉과 속은 언제나 다를 수 있는데, 세상 사람들을 속이기란 그다지 어렵지 않았다. 이것이 개별재무제표의 한계였고, 연결재무제표는 이런 문제를 해결해주고 있었다. 그러나 연결재무제표도 지분율에 따라 정확한 지배회사 순이익을 계산하기는 어려웠고 이런 불확실성으로 지주회사가 제대로 가치를 인정받지 못하는 굴욕을 당하기도 했다.

연결재무제표는 특수관계에 있는 회사들끼리의 거래를 모두 없애고 만든 것이다. 국제회계기준에서는 연결재무제표가 주 재무제표로 도입되었으나 엘리트는 비상장회사라 국제회계기준이 아닌 일반기업회계기준을 적용하고 있었다.

홍영호 회계사가 준 정보를 듣고 찾아보니 엘리트 모회사인 제주리조트의 연결재무제표를 찾을 수 있었다. 그리고 연결재무제표를 살피던 현철은 깜짝 놀랄 수밖에 없었다. 엘리트의 재산구조는 아주 탄탄한 것처럼 보였는데, 모회사인 제주리조트의 재무구조는 자본잠식이 일어난 지 오래돼서 지금은 거의 완전자본잠식 상태였던 것이다.

연결재무제표를 보며 이해가 안 되는 부분은 수시로 영호에게 전화를 걸어 설명을 들어본 결과, 역시 문제가 많았다. 특히 엘리트 쪽에서 제주리조트로 일으킨 매출이 상당히 많았는데, 이 거래들이 모두 내부거래로 연결재무제표에서는 상계되어 있었다. 이에 근거해 판단해보면, 엘리트 측에서 합병 시 자료로 제출했던 매출의 대부분이 내부거래라는 점에서 실제 매출이라고 할 수 없다는 얘기였다. 여러모로 미심쩍은 구석이 많은 게 분명 회계처리에 문제가 있어 보였고, 그 이면에는 분식회계의 냄새도 솔솔 풍기고 있었다. 사실상 다른 회사를 지배하는 경우 지배회사는 종속회사를 포함해서 연결재무제표를 작성해야 하지만, 엘리트는 회계적으로 연결재무제표 작성 대상에서 제외되는 계열사에 밀어내기식 매출을 해서 실적이 좋아 보이도록 포장하고 있었다.

현철의 머릿속에는 이런 생각 저런 생각들이 들어오고 나갔다. 지금까지 주어진 자료를 기반으로 현실을 바라보고 있었다면 앞으로는 바라는 것을 떠올리며 직접 찾아나가야 했다.

"강지훈 회장은 김연욱 사장님의 비자금 약점을 잡아 지분을 빼앗으려고 하고 있고 지분은 곧 주주 간 싸움에 의해 회사가 좌지우지될 수 있다는 점이 주식회사의 가장 큰 맹점 가운데 하나인데……."

혼잣말을 중얼거리던 현철의 머릿속에 퍼뜩 뭔가가 떠올라, 얼른 제주리조트와 엘리트의 주주가 어떻게 구성되어 있는지를 찾기 시작했다. 엘리트의 주주는 강지훈 회장과 모회사인 제주리조트인 반면에 제주리조트는 많은 소액주주로 구성되어 있다는 사실을 확인할 수 있었다.

"소액주주로 이루어진 회사라……."

이는 5년 전 처음 강지훈 회장과 만났을 때 김연욱 사장이 제안한 아이디어이기도 했다. 하지만 당시 강지훈은 소액주주가 많으면 경영진으로서는 신경 쓸 일이 많아진다며 이에 대해 부정적인 의견을 표했었는데, 그런 강지훈이 알고 보니 김연욱 사장의 아이디어를 그대로 베껴서 사업을 했던 것이다.

경영은 숫자 그대로 드러나는 법이다.

처음엔 20억 원 자금마련이 불가능하다는 이유로 순순히 지분 양도를 해야겠다고 생각했는데, 막상 엘리트의 재무제표를 확인하고 보니 마음이 달라졌다. 이렇게 엉망으로 사업을 하는 사람이면 분명 뭔가 약점을 잡을 만한 게 있을 듯했고, 그 약점만 있으면 강지훈을 상대로 승부수를 던질 만하다는 판단이었다.

고개를 갸우뚱거리며 궁리하던 현철의 생각은 다시금

주주 문제로 집중됐다. 한때 강지훈이 지적했던 것처럼 파라다이스는 소액주주 문제 때문에 고민했던 일이 있었다. 당시 사업 초기에 소액주주들로부터 5억 원씩 차입했던 돈을 차입금으로 처리해 놓았던 사실을 떠올린 김연욱 사장과 현철은 주주총회를 통해 과거의 약속대로 소액주주들에게 주주회원권과 토지를 주는 것으로 소액주주 문제를 잘 마무리했다.

만약 주주로 전환하지 않고 차입금으로 그대로 놓아두었다면 이자와 원금 상환이 약속대로 안될 경우 형사소송까지 이어질 수 있었지만, 주주로 되어 있었기 때문에 주주들 입장에서도 투자에 대한 대가를 강요할 수는 없었다. 주주의 회계장부 열람권을 신청하여 법원에서 받아들여 진다면 회계장부의 문제점을 찾을 수도 있었다.

'그때 김연욱 사장님께 소액주주들과의 약속을 지키지 않았다면 주주들은 회사에 불신을 갖게 됐을 거고, 그렇게 됐으면 그 후로 회사 경영에 문제가 생겼을지도 몰라.'

현철의 머릿속엔 강지훈에게 반격할 비책이 분명하게 그려지고 있었다. 엘리트의 모회사인 제주리조트의 주주 중에는 분명 강지훈에게 좋지 않은 감정을 가지고 있는 사람이 있을 것이다. 더욱이 서귀포 토박이이면서도 돈만 아는 사람으로 지역사회에 널리 알려진 강지훈이니, 악감정을 가진 주주가 있을 건 분명하다.

'그런데, 그런 사람들을 어떻게 찾지?'

순간 현철의 뇌리에 어떤 기억이 번뜩 떠올랐다. 사업 초기에 김연욱 사장은 당시 강지훈 회장과의 파트너 관계가 결렬될 것을 예상해 엘리트 사업 예정지의 소유주들로부터 알짜배기 땅을 구입해두었던 적이 있다. 당시 땅을 판 사람들은 제값을 받고 땅을 팔았기 때문에 김연욱 대표나 현철에게 아주 우호적이었고, 한 다리 건너 아는 사람인 제주 지역사회의 특수성을 감안할 때 그 사람들을 수소문한다면 제주리조트의 주주들과 쉽게 접촉할 수 있겠다는 생각이 들었다.

인생이란 수레바퀴처럼 돌고 도는 것이라서 강지훈 같은 사람들이 항상 행복하도록 내버려 두지 않았고 늘 불행하게만 만들지도 않았다. 일단 구름 사이로 비치는 햇살을 보자 그 너머로 자유롭게 날갯짓하며 날아다니는 새도 보일 듯했다.

김연욱은 1주일간의 휴가를 냈다. 파라다이스를 세운 후 그동안 한 번도 못 쓴 휴가를 이제야 쓰기로 한 것인데,

지분 양도를 앞두고 마음 정리할 시간을 가지려는 듯했다.

"아이들이 학교 다니느라 바쁘다고 이쪽으로 안 내려오니, 나라도 시간 내서 서울로 올라가 보려고. 모처럼 식구들과 함께 지낼 생각이네. 홍 실장도 휴가 내고 며칠 쉬는 건 어떤가? 자네도 나처럼 파라다이스 다니면서 휴가한 번 못 갔잖아?"

김연욱 사장은 여태 홍 실장에게 휴가 한 번 못 준 것이 못내 마음에 걸렸다.

사무실을 나서려다 말고 김연욱 사장이 생각난 듯 홍실장을 돌아봤다.

"아, 그리고 홍 회계사한테 연락해서 일간 얼굴 좀 보자고 하게."

"지금은 외국 출장인 것 같던데……. 다음 주쯤에 출장에서 돌아온다고 했으니까 사장님 휴가 끝나고 보면 되겠네요."

그렇게 말하면서 홍 실장은 휴가를 떠나는 김연욱 사장을 배웅했다. 공항으로 향하는 차에 김 사장이 올라탔을때, 홍 실장의 눈에 들어온 그 뒷모습은 그날따라 작게만보였다.

홍 실장도 사흘간의 휴가를 냈다. 마지막으로 며칠을 온전히 가족과 함께 보냈던 게 언제였는지 기억도 가물가물했다. 2박 3일의 휴가 동안 현철은 식구들과 제주 여행을 하기로 했다. 생각해보니 대한이앤씨 제주지사로 발령받고 제주로 내려온 이후 이제껏 아내 영란과 함께 제주 나들이를 제대로 해본 적이 없었다. 바쁘다는 핑계로 '나중에 한가해지면 해야지'라며 모든 것을 미루어두고 있었다. 그런데 생각해 보니 한가해져도 여유를 누리기는 힘들 것 같았다. 영영 한가해지는 때는 오지 않을 것 같다는 두려움이 먼저 밀려 왔다.

"당신이 웬일이야?"

"우와! 아빠 최고! 진짜 바람 만나러 가는 거야?"

얼마 전 채니가 선풍기를 가리키며 "아빠, 더워. 바람 갖다 주세요"라고 해서 웃었는데, 밖에 나간다니 진짜 바람을 만나러 간다고 생각한 것이다. 선풍기를 바람이라고 표현한 것이 너무 귀여웠는데 아이의 생각은 순수하면서도 그 안에 진지함을 내포하고 있다. 실제 선풍기 회사는 선풍기를 만드는 회사보다는 바람을 만드는 회사가 돼야 업의 본질을 더 잘 이해하는 게 아닌가 싶었다.

현철은 가족과 함께 제주 이곳저곳을 돌아다니면서 제

주가 이렇게 넓은 곳이라는 사실을 처음 알았다. 제주의 변덕스러운 날씨까지 온화해진 모습을 보이며 이번 가족여행을 돕는 듯했다.

"나 실은 처음 제주에서 살게 됐을 땐 승마를 실컷 할 줄 알았거든. 아침 일찍 말을 타고 이슬을 머금은 넓은 목장과 숲이 우거진 오름을 달리는 거야. 생각만 해도 너무 멋지지 않아? 근데 그 꿈을 근 십 년 만에 드디어 이루게 됐네? 여행은 좋은 곳에서 좋아하는 사람과 이야기를 만들어가는 거라는 생각이 들어."

영란은 모처럼 가족여행을 하게 됐다는 사실에 들떠 있었다. 그 말을 들으니 여행이 비즈니스와도 비슷하다는 생각이 들었다. 좋은 상황에서 좋은 사람과 기업의 이야기를 만들어갈 때 그것은 좋은 사업이 될 수밖에 없다.

현철은 그동안 회사만 생각하고 가족에게는 마음을 두지 못했다는 미안함이 밀려왔다.

"미안해. 그동안 바쁘다는 핑계로 승마 한번 같이 할 시간도 못 내고……."

문득 '가정을 파괴하고 숨통을 조이기 위해 기업의 성장이 존재하는가?'라는 생각과 함께 성장에 대한 회의감이 들었다. 기업의 성장으로 인간답게 살고자 하는 자신의 존재를 부정 당하는 것 같아 마음이 개운치 않았다. 음식은 그 맛을 음미하면서 천천히 먹어야 제 맛을 알 수 있듯이 우리의 삶도 느리게 살아가는 법을 배울 때 그 가치를 느낄 수 있는 게 아닐까?

"뭐, 반성하고 있다니까 이쪽에서 아량을 베풀어야지. 근데 오늘 이상하게 당신 무늬만 제주 사람이 아니라 진짜 제주 사람인 것 같아."

"제주 사람?"

현철이 되묻자, 영란은 웃으면서 덧붙이듯 대답했다.

"모처럼 여유 있어 보인다. 이 말이야."

아내의 얘기를 듣고 있자니 김연욱 대표가 종종 제주도 사람들을 가리키며 했던 말이 떠올랐다.

"제주도 사람들은 너무 욕심이 없고 느려 터져서 발전이 안 돼."

여유에는 양면성이 있다. 누군가에겐 여유가 있어 좋아 보이는 반면, 다른 누군가에겐 게으름의 상징처럼 보일 수도 있다. 현철은 그동안 욕심을 부지런함의 전제조건으로 생각해왔음을 깨달았다. 사실 많이 가질수록 욕심은 늘게 되고 걱정도 많아져서 그것이 짐이 될 수도 있는데 말이다. 허황된 꿈의 근원인 욕심이라는 장작을 모두 태우니 애써 짊어지고 가려는 짐의 무게도 가벼워지는 듯했다.

행복의 또 다른 이름이 만족이라는 건 행복이 생각보다 가까이에 있다는 뜻일 것이다.

'6년을 허송세월했지 뭐야!'

'6년 동안 배운 게 얼마나 많아!'

둘 중 어느 것을 택할지는 현철 스스로에게 남겨진 문제였다. 그러나 분명한 것은 삶이 반드시 경쟁은 아니라는 사실이었다.

"울 엄마는 제주도가 신비한 섬 같대."

"장모님이?"

영란이 고개를 끄덕였다.

"응. 가끔씩 제주에 올 때면 그때마다 다른 모습이래. 바다는 바다대로, 뭍은 뭍대로 봄, 여름, 가을, 겨울이 다 다르다나."

현철은 자기도 모르게 풋 웃음이 났다. 아내가 왜 그러냐는 듯 쳐다보자 현철은 손사래를 쳤다.

"그냥……. 제주 사람인 나는 항상 똑같다고 생각하는데, 제주에 몇 번 오지도 않은 장모님이 나보다 제주를 더 잘 아시는 것 같아서."

"그야 당신은 너무 골프장이랑 리조트만 봐서 그런 거

지. 나도 한라산이나 오름, 바다를 볼 때면 매번 다르게 느껴지는데?"

아내 말을 들으니 현철은 진실한 자유를 가지지 못했다는 것을 깨달았다. 좀 더 잘 살게 되면, 지금 하고 있는 일이 이루어지면 여유를 가지게 될 것이라고 생각했지만 그것은 돈 쓸 자유일 뿐 진정한 자유는 아니었다. 세상은 더 잘살게 되는데 사람 살기는 해마다 더 곤란해지고 있으니 말이다. 이는 돈으로 속 빈 자유를 사는 것뿐이었다. 인간에게 부족한 것은 결코 억척스러운 노력이 아니었다.

아내는 오름을 오르자고 했다. 다른 때 같으면 현철은 리조트에서 쉬자는 자신의 주장을 꺾지 않았겠지만, 이번만큼은 아내의 생각대로 움직이고 싶었다. 선생님 말씀을 따르는 착한 학생처럼 현철은 채니의 손을 잡고 아내와 함께 오랜만에 오름에 올랐다.

"가장 제주다운 걸 꼽으라면 난 당연히 오름을 꼽겠어."

"그 오름이 그 오름이지 뭐가 달라?"

현철은 이해가 안 간다는 표정이었지만, 영란은 오름의 풍경을 만끽하며 어느새 어린아이 같은 달뜬 얼굴이 됐다.

"오름에는 항상 변화가 있거든. 계절마다 다른 꽃이 피고, 맑은 날, 비 오는 날, 바람 부는 날…… 오름은 매번 다른 새로운 모습을 보여주니까. 근데 당신은 제주도에서 태어나고 자랐으면서 여태 그것도 못 느꼈어?"

말문이 막혔다. 삶을 경주라고 생각하고 목적지에 빨리 도달하려고 달리는 동안 제주의 아름다운 경치를 모두 놓쳐버리고 있었다. 오늘 부족한 것이 내일이 되면 채워질 것이라고 기대하며 미래만을 염두에 두고 살아온 것이다. 진정한 삶은 현재보다 미래에 있다고 여겼기 때문이다. 미래를 위한 준비라는 수레바퀴 아래 깔린 달팽이처럼 너무 많은 것을 짊어지고 왔다. 그래서 제주에서 태어나고 자랐음에도 근 몇 년 제주에서 산 아내보다도 더 제주를 못 느끼며 살아왔던 것이다.

현철에게 결핍되어 있는 것은 지금 옆에 있는 조용한 행복을 누리는 것이었다. 행복한 오늘이 없으면 그렇게 매달려온 미래의 행복도 없을 것 같다는 생각이 들어 두려웠다. 미래는 불안으로 가득 차 있어 오직 현재만 실재하고 있었다. 현재를 잘 살지 않으면 미래는 오지 않는다. 더 늦기 전에 '바로 지금,' 오늘을 잡아야겠다는 결심이 섰다.

'가장 중요한 때는 지금이고 가장 중요한 일은 지금 하는 일이며 가장 중요한 사람은 지금 내 앞에 있는 사람이다.'

"와, 너무 좋다!"

영란이 해안가를 돌면서 감탄하자, 채니도 엄마를 흉내 내며 밝게 웃었다.

2박 3일 동안 가족과 함께한 제주 풍광은 이제껏 봤던 것과는 전혀 다른 모습으로 현철에게 다가왔다. 볼수록 신비하다는 장모님의 말을 조금은 이해할 수 있을 것 같았다. 제주는 한라산 자락을 따라 각기 다른 빛깔로 현철을 유혹해왔다. 매순간 다양한 색으로 칠해져 선명하고 풍성한 한라산의 다채로운 향기가 이렇게 까지 멀리 퍼지는지 미처 몰랐다. 아내의 말처럼 골프장과 리조트 안에만 갇혀 지내다 보니 진짜 제주의 모습을 까마득히 잊고 있었던 것이다.

'산 위에 있으면 산이 안 보인다. 산 밖에 있어야 산이 보이는 법이다.'

현철은 이제야 그 말의 의미를 이해하게 됐다.

현철은 가족과의 여행 마지막 저녁을 범섬이 바라다보이는 서귀포 펜션에서 보내기로 했다. 6년 전 엘리트와 사업을 추진할 때 거의 매일 살다시피 했던 그곳 펜션 쪽으로 여행코스의 마지막 날을 잡은 것은 강지훈과의 문제를 해결하기 위해서였다.

현철은 어렵지 않게 6년 전 파라다이스에 땅을 판 땅주인들을 만날 수 있었고, 그들 몇몇이 제주리조트 지분을 상당 부분 갖고 있다는 소식도 들을 수 있었다.

또한 땅 주인들은 현철의 예상대로 강지훈에게 안 좋은 감정을 갖고 있었다. 6년 전 큰 사업을 할 것이라 믿고 강지훈에게 투자를 했지만, 강지훈 회장이 제대로 약속을 지키지 않아 결국 투자한 땅과 돈이 모두 묶여버리는 꼴이 됐기 때문에 앙금을 갖고 있던 것이다.

현철은 몇몇 땅 주인을 찾아가 이런저런 이야기를 나누며 설득작전을 폈다.

"혹시 아시는지 모르겠지만, 어르신들께서 투자한 돈은 제주리조트가 아니라 엘리트라는 회사에 투자가 된 겁니다."

연세가 지긋한 어르신들은 제주리조트와 엘리트를 잘 구분하지 못했다.

"모두 강지훈 회장이 운영하는 거잖소?"

목소리가 걸걸한 어르신이 말씀하고 나섰다.

"옳으신 말씀입니다. 하지만 법률적으로 두 회사는 전혀 다른 회사입니다."

어르신들은 현철의 말을 이해하지 못하겠다는 듯 다들 어리둥절한 표정들이었다.

"법률적인 건 잘 모르겠지만, 어찌 됐든 강지훈 회사니까 우리가 투자한 돈이랑 땅이 강지훈한테 간 게 맞잖소?"

"강지훈 회장은 엘리트의 실적을 위해 제주리조트를 이용하고 있습니다. 가공거래를 통해 제주리조트의 이익을 모두 엘리트 쪽으로 빼돌리고 있으니까요. 그래서 제주리조트에 투자한 어르신들께는 거의 배당이 돌아가지 않는 거고요."

가공거래가 뭔지 잘 이해하지 못한 눈치였지만, 어쨌든 제주리조트의 이익을 엘리트 쪽으로 빼돌렸다는 설명만으로도 어르신들은 동요했다. 강지훈 회장을 흔들 만한 우군을 얻을 조짐이 엿보이기 시작했다.

"그럼 우리가 어떻게 하면 되겠나?"

"저희 회사도 강지훈 회장에게 큰 피해를 보고 있습니다. 그런데 법률적으로 강지훈 회장을 압박할 수 있는 사람들은 제주리조트의 소액주주이신 바로 어르신들입니다. 그러니 어르신들께서 조금만 힘을 합쳐주신다면 강지훈 회장에게 압력을 넣어 어르신들 이익을 보장해드릴 수 있을 겁니다."

다행히 어르신들은 강지훈 회장보다 홍현철 실장의 말을 더 믿는 듯했다.

"우리를 위해 힘써준다는데 우리도 힘을 합쳐야 하지

않겠소?"

가장 연장자인 어르신 말에 다른 사람들도 고개를 끄덕이며 동의를 표했다.

연결재무제표를 보고 연구하며 언뜻 보았던 희망이 성큼 다가오는 듯했다. 어르신들이 자신들의 친척 지분까지 위임을 받아온다면 강지훈 회장을 확실하게 압박할 수 있을 정도의 지분이 확보될 것이다. 이 기세로 강 회장을 압박하면, 파라다이스도 안전하게 지킬 수 있을 게 분명했다.

휴가를 끝낸 다음 날, 홍현철 실장은 즉시 강지훈 회장을 찾았다.

"김연욱 사장이 보내서 왔나요?"

강지훈 회장의 입가에는 미소가 걸려 있었고, 목소리엔 자신감이 묻어났다. 아마도 홍 실장이 자신에게 파라다이스 지분을 넘기기 위해 찾아왔다고 생각했던 모양이다.

그러나 홍 실장의 입에서 나온 말은 강지훈 회장의 기대를 빗나가고 있었다.

"회장님께서 비자금 20억 원을 빌미로 저희 사장님을 협박하고 있다고 들었습니다. 20억 원으로 파라다이스 지분 30퍼센트를 요구하셨다는 게 제 관점에서는 도저히 납

득할 수 없습니다."

예상치 못했다는 듯 강지훈 회장은 얼굴이 살짝 굳었지만 이내 평정심을 찾았다.

"난 홍 실장님의 관점에는 관심이 없어요. 신뢰에 대한 이야기를 하고 있지요. 금액이 많고 적고를 떠나 비자금을 조성했다는 사실만으로도 법률적으로 문제가 될 수 있어요. 솔직히 기분 같아서는 법적으로 해결하고 싶지만, 그렇게 하면 서로 피곤한 일이니 30퍼센트의 지분을 넘겨받는 걸로 합의를 한 겁니다. 그 정도면 나로선 많은 배려를 한 것 같은데……."

강지훈 회장의 얼굴에는 자신감을 넘어선 자만심이 일렁거렸다.

"법률적인 문제라……. 좋습니다. 계속 이렇게 나오시니 저도 한 말씀 드리겠습니다. 회장님께선 수년째 제주리조트의 이익을 엘리트 실적으로 빼돌리셨더라고요?"

시종 여유만만이던 강지훈 회장의 안색이 굳어지며, 순간 손끝이 파르르 떨렸다.

"김연욱 사장이 내 뒷조사를 하라고 시키던가?"

"저희 사장님은 그렇게 치졸한 분이 아니시죠. 하지만 저는 부당하게 당하는 사장님을 그냥 보고만 있진 않을 겁니다."

"보고만 있지 않겠다면 어쩔 셈인가?"

강지훈 회장이 똑바로 홍현철 실장을 쳐다보며 단도직입적으로 물었다. 홍 실장 역시 피하지 않고 강 회장을 정면으로 응시하며 또박또박 대꾸했다.

"엘리트가 실적을 과하게 부풀려서 파라다이스와 인수합병을 한 거라면 이는 명백한 계약 위반에 해당합니다. 합병을 위해 기업가치를 부풀렸으니 법률적으로도 처벌 대상이 될 수 있다고 변호사가 그러더군요."

잔뜩 긴장하리라 예상했던 강지훈 회장은 이내 피식 바람 빠지는 웃음을 내비치더니 나지막한 목소리로 응수했다.

"그래? 그렇다면 변호사와 더 이야기를 해보지. 그러나 우리 엘리트가 실적을 부풀려 기업가치를 높였다 하더라도, 그게 나하고만 관계있는 문제는 아닐 걸세. 아마 더 큰 문제는 김 사장에게 있지 않을까?"

더 큰 문제가 있을 것이라는 말에 홍 실장은 당황했다.

"그게 무슨 말입니까?"

"합병 시 엘리트의 기업가치를 정확히 판단하는 일이야 실사를 벌이는 파라다이스 쪽 책임 아닌가? 매수하는 쪽에서 물건도 제대로 살피지 않고 사놓고는 나중에 속았다고만 하면 그만인가? 물건을 사오라고 돈을 빌려준 사람들은 누구에게 책임을 물을까? 파라다이스에 돈을 투자한 소액주주가 자기 몫을 챙길 날이 왔을 때 가만히 보고만 있지는 않을 것 같은데? 그보다 더 큰 심각한 문제는 돈을 빼돌렸다는 사실이지."

오래 사업을 해온 사람답게 강지훈 회장은 경험이 많았고, 어떻게 치고 빠져야 하는지를 잘 알고 있었다. 엘리트의 기업가치가 부풀려져 있다 하더라도 강 회장은 기업가치를 부풀린 것에 대한 책임만 있을 뿐, 비싸게 돈을 지불하고 엘리트를 산 책임은 김연욱 사장에게 있는 만큼 파라다이스의 소액주주들은 김 사장에게 책임을 물을 것이 분명했다.

파라다이스의 최대 리스크는 소액주주 권리찾기에서 시작될 것 같았다. 이 모든 정황을 꿰뚫고 있는 강 회장은 이 점을 이용해 홍 실장을 압박하고 있었다.

하지만 홍 실장은 쉽게 굴복하지 않았다. 어차피 기업가치 부분은 파라다이스와 엘리트 양쪽에 문제가 다 있는 셈이었고, 그 점에서 강지훈 회장은 제주리조트 주주들을 과신하고 있는 듯 보였기 때문이다.

"제주리조트의 주주들도 가만 있지는 않을 겁니다. 그

분들도 그동안 제주리조트의 실적이 엘리트 실적으로 빼돌려졌다는 사실을 이젠 알고 있으니까요."

홍현철 실장의 날카로운 공격에도 강지훈 회장은 입가에 비릿한 미소를 짓고 있었다.

"그럼 어디 한번 마음대로 해보게나. 하지만 명심하게. 제주리조트의 주주들은 다들 내 고향사람들이네. 이곳 제주에서 고향사람이란 게 어떤 의미인지 자네도 잘 알고 있겠지? 제주에서 고향사람은 곧 가족과도 같은 개념이네. 본 게임에 들어가면 인간이란 어쩔 수 없이 가족 편에 설 수밖에 없다네. 그게 핏줄이라는 거지."

분노에 치가 떨리던 홍현철 실장은 강지훈 회장의 코를 납작하게 만들어 주겠다 다짐했다.

단단히 준비를 하고 현철은 변호사까지 대동한 채 다시 제주리조트의 소액주주들인 어르신들을 만나러 갔다. 하지만 강지훈 회장의 말은 사실이었다. 홍 실장의 의견에 동조하던 어르신들은 며칠 새 태도가 완전히 바뀌어 있었다. 한 동네에서 법적공방을 하는 건 모양새가 좋지 않다는 쪽으로 의견이 모아졌다며, 더 이상 홍 실장과 뜻을 함께할 수 없다고 나왔다.

미래를 가로막는
현재의 이익

김연욱이 일주일의 휴가를 마치고 회사로 돌아온 다음 날 저녁, 영호가 제주로 내려왔다. 공항에는 현철이 직접 마중을 나갔다. 저녁시간, 최근의 금융위기와 실물위기 여파로 외국 대신 제주도를 찾는 사람이 늘다 보니 공항은 평소보다 더 북적였고, 비행기가 지연되는 바람에 영호는 예정시간보다 약간 늦게 나왔다.

"출장은 잘 다녀왔어?"

"응, 근데 넌 무슨 일 있어? 어째 얼굴이 핼쑥해진 거 같은데?"

영호는 단박에 현철의 안색이 평소와 다르다는 걸 눈치 챘다.

하지만 김연욱이 먼저 얘기를 꺼내기 전엔 비자금 건에 대해선 함구해야 했기에 현철은 시침을 뗐다.

"어제 잠을 좀 설쳤더니 그런가?"

사실 어제만이 아니었다. 현철은 요 며칠 밤잠을 설치며 파라다이스와 자신의 미래에 대해 고민 중이었다. 물론 아직 뾰족한 답을 찾지는 못했지만 시간이 지나고 나니 조금씩 담담해지고 있었다. 실패한 과거를 애통해 하며 허송세월을 보내느니 그 실패를 통해 교훈을 얻는 편이 나았다.

"영호야, 너도 알다시피 내가 요즘 기업들 재무제표를 분석하는 재미에 빠져 있잖아? 근데 어느 회사 재무제표를 보니까 좀 이상한 게 하나 있더라고."

"이상한 게 하나밖에 없어? 야, 너 그새 정말 회계지식 많아졌구나. 대단해."

영호가 농담하듯 말했다. 하지만 농담할 기분이 아닌 현철은 조심스레 다른 회사 얘기하듯 넌지시 물었다.

"만약에 어떤 회사가 기업가치를 부풀렸으면 어떤 문제가 있는 거야?"

"기업가치를 부풀린 회사와 공모한 사람들은 당연히 법적책임을 져야 하는 거지."

현철은 조바심을 숨기며 다시 물었다.

"그럼 그런 회사를 부풀린 가격으로 다른 회사가 샀으면, 그 회사는 어떻게 되는 거고?"

"비싸게 구입했으니 그 회사 경영진도 회사에 피해를 끼친 거고, 주주들로부터 집단소송을 받을 가능성이 있지."

영호는 얼마 전 그런 사례가 있었다는 얘기를 덧붙여 해주었다.

재무상태가 안 좋은 회사의 경영자는 회계사와 짜고 기업가치를 뻥튀기했고, 결국 리베이트를 받은 경영자와 회계사가 구속되었다고 한다. 더욱이 뻥튀기된 기업가치대로 비싸게 돈을 치르고 그 회사를 산 다른 회사의 경영자까지 주주들로부터 집단소송을 당할 위기에 처했다는 것이다.

강지훈의 말은 사실이었다. 이 문제로 강지훈과 싸울 경우에는 두 회사 모두에게 좋을 것 없다는 게 확실해졌다. 그리고 경영상의 책임을 묻는 소송은 시간이 많이 걸릴 수밖에 없고, 소송의 결과가 어떻게 되든 소송이 진행되는 내내 파라다이스는 더한 영업상의 피해를 받을 게 분명했다.

"혹시 파라다이스와 관련된 거야?"

아무래도 이상하다 싶었는지 영호가 걱정스런 표정으로 물었다.

"아니, 그냥……. 내가 아는 회사 얘기야."

현철이 어정쩡하게 대답하자, 영호는 더 캐묻지 않았다. 파라다이스 건이든 다른 회사 건이든 현철이 말하기 망설이는데 굳이 자신이 사사건건 캐면 현철의 입장만 곤란해질 수 있었다. 하지만 그렇다고 가만히 있을 수는 없었기에, 슬쩍 입을 열었다.

"그 외에 세금 문제도 걸릴 수 있지. 자산가치를 부풀렸다면 매각하면서 벌어들인 양도이익이 줄어들었을 거고, 결과적으로 양도이익에 대한 세금까지 줄어든 거니까. 세금탈세에 해당되는 만큼 세무당국에서도 문제가 될 수 있을 거야."

현철은 그 순간 입 밖으로 나오는 탄성을 억누르며 침을 꿀꺽 삼켰다. 직접 겪은 일인지라 현철은 영호가 방금 한 설명을 단박에 이해할 수 있었다. 즉, 합병 시 엘리트의 자산은 300억 원으로 계산했지만, 실제 300억 원이 아닌 200억 원 정도라면 자산가치가 100억 원 부풀려진 셈이다. 자산을 부풀려 놓았다는 것은 자산 매각 시에 원가가 과대계상되어 있다는 것이므로 엘리트가 거둔 양도이익은 그만큼 적게 신고 되었다는 말이 된다. 이는 분명 탈세와도 연결이 되었을 것이다. 아울러 현철은 왜 많은 기업들을 상대로 한 조사가 탈세 조사에 집중되는지 비로소 알 수 있을 것 같았다. 탈세는 숫자로 딱 떨어지기 때문에 그만큼 범죄 입증이 상대적으로 쉬웠다. 탈세라면 확실하게 강지훈을 상대로 다시 한 번 역공을 펼칠 수 있을 것이라는 확신이 생겼다.

현철은 영호를 태우고 미끄러지듯이 공항을 빠져나와 도로로 내달렸다.

"제주도가 제주의 색깔을 잃어가고 있는 것 같아 아쉬워."

차창 너머 밤거리 풍경을 보면서 영호가 입을 열었다.

"색깔을 잃어가다니?"

현철이 무슨 얘기냐는 듯 되물었다.

"밖을 봐. 보이는 거라곤 온통 네온사인밖에 없잖아. 제주도에 오는 사람들이 네온사인 거리를 보러 오는 건 아닌데 말이야."

영호의 지적에 현철은 맞장구를 쳤다.

"하긴 새롭게 지어지고 있는 대형 건물들은 어딜 가나 평범한 건물들뿐이니까. 처음 감귤밭을 밀어버리고 제주 신시가지를 만들 땐 제주도민들은 그걸 발전이라고 생각했거든. 근데 지금 관광객들 보면 다들 제주 신시가지랑 서울이랑 다를 게 없다며 실망하고 돌아가. 표준화된 경제개발이 지역 색깔을 빼앗아 버렸어. 이것은 앞으로 관광산업에도 치명적인 타격을 입히게 될 거야."

제주공항에서 가로수 길을 따라 5분만 들어오면 곧바로 이어지는 연동 신시가지는 이미 서울이나 제주도나 다를 바가 없었다. 오래되면 고치거나 새로 사는 것이 우리의 방식이었지만 그 이면에 담긴 의미를 알지 못하고 있는 것도 사실이었다. 나무가 우거진 건강한 길을 산책하려면 좁은 2차선 도로의 불편함을 견뎌야 하지만, 우리는 이런 희생과 양보에 인색했다. 낡고 오래되었다고 불국사나 석굴암을 무너뜨리고 그 위에 현대식 절과 탑을 지을 사람은 없겠지만, 이런 어리석은 행동이 돈 앞에서는 아무렇지도 않게 자행되고 있었다.

"제주의 색깔이라면 가장 제주다운 것을 말하는 거겠지?"

2박 3일간 가족여행을 하면서 현철은 제주는 제주의 관광지를 파는 것이 아니라 제주의 가치를 팔아야 한다는 것을 느꼈다.

"중요한 건 정말 중요한 것은 제주에 얼마나 돈을 투자했는지가 아니라 제주 사람이 제주에 들인 시간이잖아. 그래야 제주다운 것을 잃지 않을 수 있는 거고……."

가장 제주적인 것, 가장 한국적인 것이 가장 세계적이라고 항상 말하면서도 그동안 잊고 있었다는 생각이 들었다. 제주다운 것은 너무 구식이고 불편하다고 생각하며 새로운 것을 그대로 받아들여서 제주의 모습을 잃어버리고 있었다.

기업들 또한 자기 자신이 누구인지도 모르고 오로지 규모가 큰 회사를 따라 하면서 몰락의 길까지도 따라갔다.

영호는 잠시 현철을 바라보다가 피식 웃었다.

"왜? 내 얼굴에 뭐 묻었냐?"

현철이 묻자 영호가 웃음을 삼키며 말했다.

"그냥……. 요즘 들어 네가 너무 제주도 사람 같아졌다는 생각이 들어서."

현철은 영문을 모르겠다는 표정으로 영호를 쳐다봤다.

"제주도 사람들 보면 변화에 무디다고 하지만, 다시 보면 참 여유가 있어 좋아 보이잖아. 그런 뜻에서 너도 그렇다는 거지."

영호의 이야기를 들으며, 얼마 전에 아내도 같은 말을 했던 기억이 떠올라 현철은 슬며시 미소를 띠었다. 요즘 들어 진짜 제주도 사람 같은 여유가 느껴진다는 말을 자주 듣고 보니, 그동안 대체 얼마나 숨 막히게 바쁜 모습만 보였으면 다들 그런 말을 할까 싶으면서도 비로소 주변을 살피고 자신의 현 위치를 되돌아볼 수 있게 됐으니 다행이라는 생각이 들었다. 제주의 느림을 통해 '원래 행복은 느린 것이 아닐까' 하는 생각도 처음으로 하게 됐다. 아울러 현철은 자신이 지금 느끼고 있는 여유를 김연욱 사장도 갖게 됐으면 좋겠다는 바람이 생겼다. 지금은 김연욱 사장이 지치지 않도록 하는 게 중요했다.

회사에 도착한 홍현철 실장은 김연욱 사장과 홍 회계사에게 잠깐 볼일이 있다고 둘러대고는 바로 다시 서귀포에 있는 강지훈 회장을 찾았다.

그동안 현철은 강 회장에게 복수하겠다는 마음으로 독기를 품어왔고, 그러는 동안 마음은 싸늘하게 얼어붙었다. 그러나 문제를 해결하는 방법은 결코 복수일 수 없겠다는 생각이 들었다. 무조건 용서를 할 수는 없겠지만, 상대뿐만 아니라 서로에게 상처를 주지 않는 협상이 필요했다.

홍 실장은 세금이라는 것을 사용하여 강지훈 회장과 협상을 벌일 계획이었다. 강지훈 회장을 코너로 몰기보다는 서로에게 이로운 협상을 하는 게 더 현명하다는 판단이었다.

"회장님과 협상을 하고 싶습니다."

홍현철 실장은 배수의 진을 치고 강지훈 회장을 마주 봤다.

"무슨 협상인가요?"

홍 실장은 자신이 준비한 것을 서서히 내밀었다.

"회장님 말씀대로 법적공방이 되면 엘리트나 파라다이스 모두 자멸의 길로 들어설 게 불 보듯 뻔합니다."

이에 대해선 강지훈 회장도 동의하는 듯했다. 일단 법정에 서게 되면, 이긴다 하더라도 법적공방이 있는 기간 동안 사업상 많은 피해를 받을 수밖에 없다는 사실을 강 회장도 모르지 않았다.

"대가 없는 협상은 없지. 그래, 파라다이스와 내가 주고받을 건 뭔가요?"

강 회장은 한번 얘기나 들어보자는 능구렁이 같은 태도로 응수했다.

"엘리트의 기업가치가 부풀리고 양도이익을 축소시키는 과정에서 탈세가 있었지요. 또한 제주리조트의 실적을 엘리트에 넘겼으니 이 부분 또한 탈세고요."

강지훈 회장의 얼굴엔 긴장감이 엿보였다. 탈세는 바로 검증이 될 수 있는 부분인 만큼 발뺌하기 쉽지 않다는 걸 강 회장 자신도 모르지 않았다. 역시나 무슨 말을 할 듯 입을 열었다가 이내 말을 삼키며 자꾸 입술만 달싹였다. 이제 껏 강지훈 회장에게서 한 번도 볼 수 없었던 모습이었다.

"하지만 저는 이쯤에서 문제를 묻어두려고 합니다."

홍 실장의 말에 작게 한숨을 내뱉은 강 회장의 태도는 협상 모드로 서서히 바뀌고 있었다. 탈세 문제가 대두된 만큼 자신의 회사 전체가 송두리째 날아갈 수도 있다고 생각한 것이다.

강지훈 회장의 입에서 진심 어린 고뇌가 튀어나왔다.

"문제를 삼지 않으면 문제가 안 되는데 문제를 삼으니까 문제가 되는 법이지. 원하는 게 뭔가요?"

냉수 한 잔을 단숨에 들이켠 강 회장이 숨을 몰아쉬며 물었다.

"파라다이스에서는 손을 떼십시오. 저희 또한 엘리트에 욕심을 내지 않겠습니다."

잠시 고민을 하는가 싶더니 강지훈 회장이 생각을 정리하고 입을 뗐다.

"둘 다 죽을 수는 없겠지. 조금씩 양보합시다."

홍 실장은 그 순간 온몸의 긴장이 탁 풀리는 것 같았다. 김연욱 사장의 경영권을 지켜냈다는 사실에 뛸 듯이 기쁘기도 했고, 그간 마음고생이 심했던 탓인지 울컥 눈물이 날

것도 같았다. 하지만 강지훈 회장 앞에서 그런 모습을 보이기는 싫어 끝까지 꼿꼿한 자세를 유지했다. 엘리트와의 사이에서 있었던 일들을 전해 들은 홍 회계사는 적잖이 놀라는 눈치였다.

"홍 실장 수고했어. 그리고 고맙네."

김연욱 사장은 홍 실장의 어깨를 두드리며 기분 좋게 웃었다.

"최악이라는 것도 막상 닥치고 나면 그렇게 나쁘지만은 않더라고요."

그날 저녁, 그 동안의 힘겨웠던 일들을 안주 삼아 세 사람은 술잔을 기울였다. 그리고 이야기는 어느새 제주에 대한 이야기로 이어졌다.

홍 회계사와 홍 실장이 나눴다는 '제주도다운 것'이란 얘기를 듣자, 김연욱은 이제껏 자신이 개발한 리조트가 제주도다운 것이었는지에 대해서는 한 번도 생각하지 못했음을 알게 됐다. 모든 새로운 것은 망각일 뿐인가? 공자는 술이부작述而不作이라고 했다. 서술만 하고 창작하지 않는다는 것으로 하늘 아래 새로운 것은 없다는 말이다. 따지고 보면 원래 있었던 것을 새롭게 하는 것이 업의 본질이 아닌가 싶었다.

이때 홍 회계사가 구의연 회장 얘기를 꺼냈다.

"구의연 회장님께서 회사를 떠나셨다고 들었습니다."

하지만 김연욱 사장은 구의연 회장이 떠났다고 생각지 않았다. 유럽여행을 끝내고 다시 제주로 돌아와 언제나 그랬듯 자신의 든든한 정신적 지주로 남아주실 것이라는 확고한 믿음을 가지고 있었다. 그리고 구 회장이 회사를 떠나면서 홍 회계사를 만나보라고 했던 말을 떠올리며, 김연욱 사장은 홍 회계사를 통해 구 회장이 자신에게 어떤 메시지를 남긴 건 아닐까 생각했다.

"회장님 소식은 어디서 들었나?"

김연욱 사장은 내심 구 회장이 남긴 메시지를 기대하며 물었다.

"제가 파라다이스 담당 회계사인데 그 정도 소식이야 당연히 알고 있죠."

"뭐 특별한 얘기를 회장님으로부터 들었던 건 아니고?"

"예."

홍 회계사의 짧은 대답에 기대가 실망으로 바뀌었다. 홍 회계사에게 아무 말도 하지 않았다면 대체 구의연 회장은 무슨 의도로 홍 회계사로부터 도움을 받으라고 한 걸까? 구의연 회장은 그저 홍영호 회계사를 만나보라는 이야기만 했을 뿐 어떤 방향성도 가르쳐주지 않았다.

"이번 출장은 무슨 일로 간 건가?"

김연욱 사장의 물음에 홍 회계사가 잠시 머뭇거리다 대답했다.

"사실 요즘 해외로 진출해 보려고 준비를 하고 있습니다."

홍 회계사의 이야기에 김연욱 사장도 홍현철 실장도 놀라지 않을 수 없었다.

"5년 전 갑자기 제주를 떠난 것처럼 이번엔 또 해외로 뜨겠다는 거군."

김연욱 사장이 이내 껄껄 웃으면서 말을 이었다.

"제주에서도 그랬고, 서울에서도 지금 잘나가는 사업체를 운영하고 있는데 매번 이렇게 불쑥 떠나버리면 아깝지 않은가?"

파라다이스 리조트 착공식 날 홍영호 회계사는 돌연 제주를 떠났다. 아내가 서울에서 근무하게 되어 같이 지내고 싶어 서울로 올라간다고 했지만 그야 편하게 하는 소리일 테고, 제주를 떠난 진짜 이유는 다른 데 있을 듯싶었다. 홍현철 실장 역시 그때를 떠올리면 고개가 갸웃해지곤 했다.

그래서 몇 번이고 그때 왜 그렇게 불쑥 제주를 떠났는지 홍영호 회계사에게 물어보고 싶었는데 아직까지 묻지 못했던 것이다.

옛 기억을 떠올리며 홍 회계사가 찬찬히 이야기를 풀어냈다.

"5년 전 제주에 있을 때였어요. 그땐 사업이 워낙 안정돼서 골프장을 내 집 드나들 듯 다니며 나름 인생을 즐기면서 하루하루를 보냈죠. 그런데 어느 날 갑자기 제가 가장 소중하게 생각해온 고객이 거래를 그만두겠다는 거예요. 물론 그 고객이 떠난다고 수익에 큰 영향이 있는 건 아니었지만, 그동안 저희 서비스에 무척 만족해왔던 분이라 다소 충격이었습니다. 내가 지금까지 해왔던 노력과 수고가 도대체 무엇을 위한 것이었고 기업의 목표는 무엇이어야 하는지 혼란스러웠죠."

홍 회계사는 당시의 심정이 되살아난 듯 잠시 묘한 표정으로 생각에 잠기더니, 이내 미소를 지으며 입을 열었다.

"서비스에 만족하고 있었는데 왜 거래를 끊었을까?"

홍 실장이 머리를 긁적이며 묻자 홍 회계사는 자신도 고객에게 거래를 그만두기로 한 이유를 물었다고 한다.

"친척 중 회계사가 한 명 있는데, 이번에 제주에서 개업을 하게 돼서 그쪽으로 거래를 옮겨야 될 것 같다고 하더라고요. 그 고객은 무심코 한 말이었겠지만, 전 그때 고객의 이야기를 통해 앞으로 제가 무엇을 해야 할지 깨닫게 됐습니다."

제주에는 무엇보다 학연, 지연, 혈연의 끈에 따라 비즈니스가 결정되곤 하는데, 육지 출신인 홍영호 회계사에게는 바로 그런 끈이 없었다. 처음엔 경쟁상대보다 서비스 질을 높인다면 해결이 가능하리라 여겼지만, 실제로 접해보니 현실적으로 한계가 많았다. 무엇보다 고객들이 회계사 간에 차별성을 두고 있지 않다는 게 가장 큰 문제였다. 방금 커피를 마셨는데 또 마시라고 커피를 만드는 것처럼 우리는 모두 붕어빵 같은 인생을 살고 있다. 비슷한 회계사, 비슷한 기업, 비슷한 사람……. 모두 앞 사람 따라잡기만 하고 있는 것이다. 그리고 틀에 박힌다는 것은 회사에 있어 사형선고나 마찬가지였다.

"저는 '다른 회계사와 차별화할 수 있는 게 무얼까' 하는 고민에 빠졌고, 그때부터 고객들의 목소리에 귀를 기울이기 시작했습니다. 그들이 진정 원하는 게 무엇인지를 알기 위해서 말이죠."

"그래서 지금은 그걸 찾았나?"

김연욱 사장의 물음에 홍 회계사는 고개를 끄덕였다.

"네, 어느 정도는요."

더 이상의 무거운 대화는 없었지만 홍 회계사의 이야기는 김 사장과 홍 실장에게 다소 충격적이었다. 두 사람은 결국 중요한 건 근본이라는 생각을 하게 됐다. 가장 제주다운 것도 그랬고, 다른 경쟁상대와 차별화되는 자기만의 무언가를 찾기 위한 홍 회계사의 모습이 그랬다. 그리고 김연욱 사장이 지금 고민하는, 무엇을 위해서 일해왔는지에 대한 자기성찰이 또한 그랬다.

홍 회계사가 먼저 자리를 털고 일어난 후, 홍현철 실장과 김연욱 사장은 꽤 오랜 시간 술잔을 기울이고 있었다.

"사장님, 이제 파라다이스도 원래 상태로 돌아왔으니다시 출발하는 일만 남은 것 같습니다."

홍 실장의 말에도 김연욱 사장의 표정은 여전히 굳어 있었다. 그리고 잠시 후 김연욱 사장이 어렵게 입을 뗐다.

"파라다이스는 전문경영인에게 맡길 생각이네."

"그게 무슨 말씀이십니까?"

홍 실장은 눈이 휘둥그레졌다. 길고 어두운 터널을 이제야 겨우 빠져나왔는데, 곧바로 운전대를 다른 사람에게 넘기겠다니……. 김연욱 사장을 이해하기 어려웠다.

그런 홍현철 실장의 심정을 이해한다는 듯 김연욱 사장이 말을 이었다.

"나는 어디서 왔고 무엇을 하였으며 어디로 가는지 생각해 봤다네. 지금의 나를 잊기 않기 위해서 말이야. 그러고 보니 리조트 운영은 나의 전문분야도 아니고 내가 생각했던 방향도 아니었어. 자네도 알다시피 난 지금까지 뭔가 세우고 짓는 것에만 관심이 있었네.

처음 파라다이스를 개발할 때만 해도 돈에는 관심이 없고 꿈에만 전념했지. 다른 사람에게 인정받기 위해 나 자신을 다른 사람과 세상에 맞추기 시작했고 무리하게 경영까지 욕심을 내게 된 거야. 남보다 뒤처지지 않으려는 두려움과 욕심으로 나를 망쳐버렸던 게지.

내가 가진 것에 만족하지 않고 돈 버는 기계가 되어갈수록 난 내가 가진 모든 것을 잃고 가난해졌어. 소유가 커질수록 탐욕도 커졌고 더 빨리 사다리에 오르기 위해 너무 많은 것을 버렸어. 저 위에 무엇이 있는지도 모른 채 하늘 높이 치솟은 기둥을 밟고 밟히며 올라가려고만 했던 거야. 그렇게까지 하면서 올라갈 가치가 있는 것도 아닌데 말이야.

아무리 올라가도 더 크고 부유한 기업은 계속 있기 마련이고 아무리 많은 돈을 쥐고 있어도 언젠가는 없어질 테지……."

홍 실장은 그제야 김연욱 사장이 세속적인 가치에서 탈출하여 기업이 추구해야 할 가치를 보았음을 알 수 있었다. 김연욱은 본래 꿈꾸는 자였는데 탐욕을 위해 달리는 기관차처럼 변해가고 있었다. 허나 기업이 망하면 그 기업이 과거에 얼마나 많은 돈을 벌었는지 따위는 다 부질없는 일이었다.

규모와 성장에 대한 집착을 버리자 보이지 않았던 것들이 보이기 시작했고, 그동안 믿어왔던 기업의 가치와는 다른 새로운 가치가 부여되는 것이 느껴졌다. 겉으로 보기에는 다른 회사에 비해 보잘것없어 보여도 결코 그 어떤 곳과도 맞바꾸지 않을, 그런 가치였다. 기업의 가치가 기업의 크기에 비례하는 것은 아니었다.

성장을 위해 방황했던 시간들이 김연욱 사장을 기억 밑바닥에 가라앉아 있던 출발점으로 인도했다. 그리고 김연욱 사장은 그간의 긴 항해가 바로 그곳으로 돌아오기 위함이었음을 깨달았다.

"관광객들에게 '세상에서 가장 아름다운 섬 제주'라는

이미지를 심어줄 생각으로 리조트 개발을 시작했지. 그런데 과연 관광객들은 그걸 원했던 걸까?"

가슴 깊은 곳에서부터 나온 김연욱 사장의 말에 홍현철 실장도 어떻게 살아야 하는가를 스스로에게 묻고 있었다. 김연욱 사장이 술을 한잔 들이키더니 말을 이어나갔다.

"기업의 가치에서 가장 중요한 것은 규모와 성장이 아니라 독특성과 독자성이라고 생각했네. 이것 없이는 기업이 위대해질 수도 없고 정체성을 찾지 못하고 헤맬 뿐이지. 자네도 알다시피 나도 나름 차별성에 신경을 썼네. 다른 골프장과 차별화되는 골프장, 다른 리조트보다 더 아름답고 편한 리조트를 개발하려고 여태껏 앞만 보고 달려왔단 말일세. 그런데 지금은 그게 과연 제대로 된 차별성이었나 하는 의문이 들어. 성장에 대한 집착이 회사의 개성을 마모시키고 회사를 모조 장식품처럼 만들어버렸어."

잠시 생각하던 홍현철 실장이 조심스레 입을 뗐다.

"휴가 때 식구들이랑 제주 여행을 했는데요, 그때 아내가 그러더라고요. 제주도의 관광지는 거의 다 그게 그거 같다고, 하지만 오름과 바닷가를 보면 제주의 색깔이 느껴진다고요."

"이제껏 내가 제주를 위해 한 일이 오히려 제주의 색깔을 없애 버렸다는 얘기군. 제주의 본질을 강조하면서도 제주를 제대로 보지 못했던 것 같아."

아쉬워하는 김연욱 사장을 보며 홍현철 실장은 가족여행 이후로 갖게 된 생각들을 털어놓았다.

"리조트 개발은 물론 대표님께서 하고 싶으셨던 일이었을 겁니다. 하지만 세계 최고가 될 수 있는 제주도의 핵심가치가 리조트는 아니지 않을까요?"

홍 실장의 생각도 김연욱 사장과 같았다. 인간은 죽을 수밖에 없는 존재이기 때문에 어떻게 살아야 하는지 물어야 하는 것처럼, 회사 역시 어떻게 나아가야 하는지 물어야만 한다. 존재하는 것은 결국 끊임없이 자기 자신을 창조해가야만 했다.

"하긴, 세계 최고의 기술을 가지고 제주도에 최고의 리조트를 세웠다 해도 제주도를 찾는 사람들이 리조트를 원하지 않는다면 아무런 의미가 없겠지. 관광객들은 가장 제주다운 걸 원하는데, 리조트나 골프장이 제주만의 색깔은 아니니까 말이야."

잘되는 회사가 되기 위해 필요한 것은 자금이 아니라 시간과 노력이라는 생각이 들었다. 돈을 투자한 회사는 또 다른 돈 많은 회사가 오면 무너지게 되어 있지만, 시간을 투자한 회사는 다른 회사가 따라오기 힘든 것을 갖게 되기 때문이다. 경쟁과 속도전에서 벗어나 행복을 위해 스스로를 통제할 수 있는 정도의 속도와 규모를 유지할 때 기업과 인간의 행복이 공존하는 공간이 될 것 같았다.

"사람의 인생이 모두 다르고 자신만의 인생이 있기 마련이야. 기업도 1등은 시간이 지나면 잊히지만, 유일한 것은 시간이 갈수록 더 큰 의미를 갖게 되는 법이었어. 1등은 남들과 경쟁에서 이겨 홀로 승자가 되는 것이라면, 가치추구는 성장보다 더불어 살기를 택하는 움직임이지."

이 세상에서 살아남는 기업은 규모가 크거나 매출이 많은 것이 아니라 자신만의 가치를 가진 기업이라는 듯이 김연욱 사장이 혼잣말을 중얼거렸다. 그러자 홍현철 실장이 말을 받았다.

"아무리 차별화되는 것을 만들어내도 진입장벽이 낮다면 금방 다른 후발주자가 따라잡겠지요."

"맞는 말이야. 그러니 차별성을 추구하면서 동시에 진입장벽을 높여야겠지. 그런데 진입장벽을 높인다는 건 다른 회사가 하지 못하는 것, 아니 다른 사람보다 내가 더 잘하는 것을 해야 한다는 건데……. 결국 우리는 무엇을 하기 위해 이 세상에 왔는지 끊임없이 질문을 던지면서 자신만의 옷을 입는 것이 핵심가치가 되겠군."

가치 있는 기업을 만드는 데 방해가 되는 모든 요소들을 제거하고 해체하면 기업의 본질적인 요소들로 축소할 수 있었다. 수년간에 걸친 김연욱 사장의 사색과 고심은 기업을 새롭게 바라보는 또 다른 방법을 제시했다.

비즈니스 세계에서는 모든 회사가 각기 특유의 개성을 지니고 있기 때문에, 우선은 자신이 가장 잘하는 것이 무엇인지, 경쟁기업과 차별화할 수 있는 점이 무엇인지를 살펴야 했다. 골프장과 리조트 개발은 김연욱 사장이 가장 잘할 수 있는 것이긴 했다. 하지만 경쟁기업과 차별화하는 데는 분명 한계가 있다. 무엇보다 골프장과 리조트는 제주를 찾는 관광객이 가장 원하는 '제주의 색깔'이 아니기 때문이다.

"그런데 그 핵심가치라는 게 단순히 현재의 수익만 따지는 쪽이 아니라 홍 회계사가 말한 것처럼 미래의 자산가치를 높이는 부분에 더 집중해야 할 것 같습니다."

김연욱 사장도 같은 생각을 하고 있었다.

"그래, 현재의 수익은 과거에 투자해 놓은 것에서 발생하는 일종의 착시현상일 테니 현재의 이익으로 기업가치를 평가하는 건 맞지 않겠지."

김연욱 사장은 지난 십여 년의 세월을 떠올렸다. 대한 그룹에 있을 때나 엘리트와 인수합병을 겪으면서 PER이나 PBR 등 기업가치를 평가하는 다양한 방법들을 접해봤지만, 매번 실제 기업가치와 평가된 가격이 달랐다. 그리고 그런 차이가 발생한 이유는 무엇보다 평가된 가격이 미래의 가치가 아니라 과거의 가치였다는 데 있었다. '현재의 이익'이 현재의 위기와 미래를 보는 눈을 가려왔던 것이다.

눈앞의 작은 이익에 급급하다보면 장기적으로 회사가 가야 할 길을 잃어버리게 된다. 농부가 겨울나기에 힘들어서 봄에 뿌릴 씨앗까지 먹어치우는 것이나 다름없었다. 지금 당장의 이익은 적더라도 회사의 본질적인 일을 반복해서 하다 보면 적은 이익이 쌓여 그것이 나중에는 커지게 된다는 사실을 잊고 한눈을 파는 것과 같은 일이었다.

"그렇다면 '미래의 기업가치를 높이기 위한 핵심가치에 집중해 최선을 다해야 한다'는 건데, 그 대상은 바로 '제주다운 것'이 되어야겠군. 그것이 곧 제주의 차별성이고 제주에서 가장 잘할 수 있는 것이라는 말이겠지."

즉, 다른 회사와의 차별성을 추구해야 회사의 브랜드가 높아질 수 있고, 그 차별성은 바로 기업의 핵심가치라는 얘기였다. 기업은 다른 회사가 아니라 다름아닌 나 자신이 되어야 했다. 그래서 국제회계기준은 무형자산의 가치를 재무제표에 반영하도록 하고 있다. 판매량이나 매출액보다 회사의 본질을 추구해야 할 때였으며, 이는 항목별 점수로는 비교할 수 없는 것이다.

사실 회사를 대기업과 중소기업으로 분류하는 일은 무의미하다. 그런 식으로 회사들을 나누기보다는, 시간이 흐르고 변화를 거듭해도 자신의 본질을 지키는 회사와 외형적 성장에 욕망을 부여하는 회사로 나누는 편이 더 의미가 있었다.

시대가 다시 변하고 있었다. 숫자가 주는 건조함보다는 무형의 감성적인 이미지가 더 각광받는 시대가 찾아온 것이다.

홍영호 회계사는 회계의 목적을 다시 세워야 했다. 회사가 살아가는 것은 사람이 있기 때문이다. '회계는 비즈니스 언어'라는 명제에는 '신뢰'라는 가정이 빠져서는 안 된다. 신뢰가 없다면 소통은 불가능하기 때문이다. 이것은 진리였고, 진리는 가르쳐서 아는 것이 아니라 경험하고 생각하면서 비로소 깨닫게 되는 앎이었다.

경영활동도 사람관계에서 나오는 것이니, 회계도 결국 사람들의 일을 숫자로 표시한 것에 불과하다. 사람관계가 좋지 않으면 위험이 생겨 쓸데없는 비용이 발생하고, 사람을 경시하는 순간 회사의 이정표도 흔들리게 되어 있다.

회계에는 잘하고 못하는 것이 없다. 사람의 일을 있는 그대로 알기 쉽게 알려주면 되는 것일 뿐이다. 너무 잘하려고 하는 노력이 오히려 정보를 어렵게 만들고 일반인들이 정보를 왜곡해 이해하게 하여 거짓말을 만들고 있다. 거짓말이란 사실을 다르게 이야기하는 것이라기보다는 진실을 혼동해서 생겨나는 경우가 훨씬 많기 때문이다.

누군가 좋은 기업과 위대한 기업의 차이는 '신뢰'에 있다고 했다. 회사가 비전을 만들고 전략을 짜는 것도, 이를 실행하는 것도 모두 사람이므로 결국 회사의 가치도 사람들의 가치에 달려 있다는 것이었다. 위대한 기업은 규모나 물질이 아니라 다분히 정신적인 것에 좌우된다.

사람의 마음은 직접 볼 수 없다. 어쩌면 우리는 보이지 않는 것이 대부분인 세상에서 살고 있는지도 모른다. 그래서인지 더욱 무형자산은 기업가치에서 가장 중요하면서도 외면받아온 게 아닐까. 아마 무형자산을 보지 못했던 것은 사람들이 보려고 하지 않았기 때문일 것이다. 이를 풀어가는 것이 홍 회계사가 홍현철 실장에게 남긴 교훈이자 과제였던 것이다.

다시 처음부터

"머니 바이블 블로그에서
더 많은 회계 꿀팁을 전수해 드립니다."

"난 당신 믿어. 당신은 언제나 그랬듯 채니 아빠이고 내 남편 홍현철이니까."

남편으로부터 그동안 엘리트와 있었던 일을 전해 들은 영란은 대뜸 믿는다는 말부터 했다. 그동안 남편이 얼마나 괴로워했을까를 생각하며 속이 상했지만 그런 내색은 하지 않은 채 힘을 주고 싶은 영란이었다.

"아무튼 당신 정말 잘했어. 역시 우리 채니 아빠가 회사를 구한 거야!"

영란은 현철의 손을 꼭 잡았다.

"한때 돈 때문에 가치있는 일을 포기한 적이 있지. 다신 안그러기로 맹세했어."

언제나 자신을 믿어주는 아내와 딸을 보며 현철은 자신이 살아가는 방식에 질문을 던졌다. 더 많은 돈을 벌기 위해 소중한 것을 놓치고 있지 않은지 물었다. 스스로 만든 감옥에 갇혀 지내왔지만, 그 굴레에서 벗어나자 세상이 보였고 행복을 맛볼 수 있었다. 현철은 자신이 소중하게 여기는 것, 자신이 원하는 것을 위해 의지를 굽히지 않고 살아가겠다고 다짐했다.

시간은 쏜살처럼 빠르게 지나갔다. 아내와 딸아이를 품에 안고 그런 다짐을 했던 게 벌써 몇 개월 전의 일이었다. 오늘 홍 실장은 홍 회계사를 통해 구의연 회장이 제주로 다시 내려왔다는 소식을 듣게 됐다. 그동안 말은 안 했지만 홍영호 회계사는 가끔씩 구 회장과 이메일을 주고받으며 연락을 이어온 듯했다.

김연욱 사장을 포함한 네 사람이 오랜만에 한자리에 모였다. 그동안 김연욱 사장은 회사를 맡길 전문경영인을 물색하면서 한편으론 유동성 위기를 벗어나기 위해 애쓰고 있었고, 홍현철 실장은 여전히 파라다이스의 재무담당이자 김연욱 사장의 오른팔로서 맡은 바 최선을 다하고 있었다.

"회장님, 여행 잘 다녀오셨습니까?"

"6개월 동안 실컷 걷다가 왔네."

구의연 회장은 유럽 대륙을 6개월 동안 걷고 다녔던 이야기를 한참 동안 들려주었다.

"산티아고 여행을 끝내고 아는 사람이 있어 잠시 독일에 머물렀는데, 그때 거기서 한 가지 인상적인 점을 발견했네."

"그게 뭔가요?"

김연욱의 물음에 구 회장이 대답했다.

"독일인들의 검소한 정신이야. 공장은 현대식 기계들로 돌아가지만 사무실은 판잣집과 다름없이 초라했네. 그런데 지금 우리나라 상황을 보면 그렇지 않은 것 같아. 내실을 다지기보다는 초호화 건물을 짓는 데만 더 치중하고 있지. 속이 나약하고 텅빈 것일수록 겉을 화려하게 치장하는 법이네.

홍 회계사가 고개를 끄덕이며 말했다.

"회장님 말씀은 기업에도 똑같이 적용될 것 같습니다. 전통적인 비즈니스 모델이 자본집약적 생산구조라면, 만든 것을 밀어내기식으로 파는 데 중점을 둔 우리 경제는 생산 중심으로 인력을 구성해 운용해 왔다고 볼 수 있지요. 그러다 보니 프로세스의 비효율성으로 인한 대규모 운전자본이 필요한 거고요.

그에 반해 물리적 자본의 아웃소싱을 통해 '탈자본화'를 달성한 기업은 고객획득, 고객유지 등 오직 고객에게만 초점을 둔 비즈니스 모델로 서서히 바뀌어나가면서 동시에 자신만의 브랜드를 갖춘 '브랜드 소유 기업'이 되는 거죠. 요즘 같은 새로운 경제시대에는 당연히 프로세스의 비효율성에 따른 대규모 운전자금을 필요로 하는 기업들보단 탈자본화를 달성한 브랜드 소유 기업들만이 살아남게 되는데, 그렇게 되기 위해선 무엇보다 먼저 자신의 모든 역량을 집중할 만한 핵심가치가 무엇인지부터 확인하는 게 중요한 것 같습니다."

홍 회계사는 여러 사건과 이로 인해 빚어진 결과들을 떠올렸다. 회사 권력의 핵심에 있고자 서로 싸우고 공모했던 임원들, 자신의 개인적인 목적을 위해 회사를 희생시킨 사람들, 절세라는 명분으로 시작해 태연스럽게 탈세를 일삼았던 많은 사업가들, 규모와 팽창에 목매달려 구조조정을 기회로 삼은 사람들, 왜 기업을 하는지 알지 못하고 벌어들인 돈만으로 성공을 측정하는 회사들……. 이들은 모두 하나로 연결되어 있었다.

세상에는 죽을 때까지 기업의 존재 의미를 찾고 그곳에

가까이 가려는 사람들이 존재하지만, 죽을 때까지도 멈춰야 할 곳을 제대로 알지 못하는 자가 훨씬 많았다. 존재할 수 있는가보다 존재할 가치가 있는가가 더 중요할 것 같다는 생각이 처음으로 들었다.

구의연 부회장이 웃으면서 말을 이었다.

"고대 태국에서는 왕이 신하에게 '흰 코끼리'를 선물로 주곤 했는데 왕이 하사한 선물이기 때문에 다른 사람에게 팔 수도 없었고 일도 시키지 못하고 잘 관리하지 않으면 안 되었지. 그런데 코끼리는 엄청나게 먹기 때문에 경제적으로 감당할 수 없는 비용이 들어갔고 결국 코끼리를 키우다가 파멸하게 되었다는 거야."

김연욱 사장은 자신들이 그동안 부동산에 돈을 쏟아부었던 것은 투자가 아닌 일종의 투기였다는 것을 알게 되었다. 그들은 기업의 목적이 무엇이고 왜 이런 일을 해야 하는지, 기업의 끝에서 기다리는 것은 무엇인지에 대한 문제를 한 번도 제기하지 않았다. 성장 위주로 치달려 오느라 그 과정에서 어떻게 살아야 하는지에 대한 본질적인 질문은 잊은 채 자산가치, 그것도 부동산가치를 높이는 데만 혈안이 되었던 것이 현재의 위기를 낳았다.

사람들은 모두 사라질 것을 붙잡으면서 이름 없는 회사

를 만들고 있었다. 강지훈 회장 같은 사람들도 위험하지만 사실 더 위험한 것은 생각 없는 사람들일지 모른다. 회사의 의미에 대해 아무 의식 없이 의문을 품어보지도 않고 이익만 좇는 회사들이 더 위험해 보였다. 돈을 생각하기에 앞서 우리 회사가 어떤 영향력을 끼칠 수 있는 회사인지를 돌아봐야 했다. 현재의 비즈니스는 무능한 연출가가 연출한 삼류 영화 같았다.

홍 실장은 홍 회계사가 얘기한 '모든 역량을 집중할 만한 핵심가치'에서 다시금 기업가치라는 말을 떠올렸다. 기업가치는 단순히 재무제표상에 나타난 총자산 개념이 아니다. 나무보다 뿌리가 중요하지만 정작 뿌리는 땅속에 묻혀 보이지 않는 것처럼, 어쩌면 기업의 정말 중요한 핵심가치는 재무상태표에 나타나지 않는 지적자본, 즉 무형의 자산을 반영하는 것이 아닐까 하는 생각을 하게 됐다. 그것에서 시선을 거두는 순간 기업이 가는 길에 다른 무언가가 끼어들어 다른 길로 가게 만들고 기업은 자신의 정체성을 잃을 것 같아 두려워졌다.

김연욱 사장이 구 회장에게 질문을 던졌다.

"그럼 앞으로 저는 어떤 가치에 집중을 해야 할까요?"

구 회장은 껄껄 웃으며 손사래를 쳤다.

"이 문제에 대한 해답은 나도 어렵네. 나도 자네처럼 헤매면서 살기 때문이지. 그걸 찾아가는 게 사업가의 역할이 겠지. 다만 해답은 항상 사람한테 있더라는 거야. 넘어지고 실패할 지라도 본질의 가치는 변하지 않고 소중한 법이거든. ESG가 떠오르게 된 배경이기도 할 거야. ESG는 사실 새로운 개념이 아니라 우리가 잊고 있었던 것을 다시 생각하게 된 것 아닐까하는 생각이 드네."

구 회장의 말에 잊고 있었던 사실이 번쩍 떠올랐다.

김연욱 사장은 대한이앤씨를 다닐 때부터 사람을 가장 중요시했다. 그렇기 때문에 따르는 사람도 많았고, 처음 사업할 때 투자자 모으는 일도 수월했다. 그런데 어느 때부턴가 사업을 성공시켜야 한다는 생각에 사로잡혀 주변의 사람들을 둘러보지 못했고, 주변 사람들의 조언을 무시했다. 소중하게 생각했던 것들은 순식간에 사라졌고 다시 돌아오지 않았다. 그가 유일하게 행복을 느꼈던 순간들은 성공하기 전 조그마한 회사를 운영하며 사람들과 가치있는 일을 만들면서 보낸 시간들이었다.

수년의 세월을 보내고 난 다음에야 김연욱 사장은 가치있게 산다는 것이 얼마나 중요한지를 깨달았다. 그것을 깨닫기 위해 그는 세상과 전쟁을 벌여야 했고, 사람들과의 약속을 위반해야 했으며, 성공이라는 수렁에 빠져 허우적거려야 했다. 김연욱 사장은 이제야 그것을 깨달았지만 구 회장은 이미 알고 있었던 것이다.

"회장님이 저를 믿어주신 것이 실수가 아니라는 것을 증명해 보일 겁니다."

모두 열심히 살고 성공해야 한다고 말하면서 휘황찬란한 것을 대단하다고 인정하는 이 사회에서 어쩌면 욕망에 사로잡히는 것보다 욕망을 억제하는 것이 더 현명하다는 생각이 들었다. 더 빨리, 더 많은 이익을 내야 한다는 강박관념 때문에 장기적인 방향을 잃어버린 채 속도가 목적이 되고 있었다. 수많은 기업들이 성공했지만 이름이 전해져 내려오는 기업은 별로 없었다. 벌어들인 돈만으로는 안되는 것이었다.

사람들은 가치 있는 기업을 기억했다. 동물에 비해 인간의 뇌 발달이 그토록 느린 것은 위대한 작품을 만들기 위한 신의 계획이 아니겠는가? 그런데도 인간들은 조금이라도 더 빨리, 더 크게 무언가를 이루는 것이 훈장이라도 되는 듯 목숨을 걸고 앞만 바라보며 달리고 있었다. 뭔가 더 있을 줄 알고 서두르지만 목적지에서 기다리는 것은 허무함뿐이었다. 돈 모을 생각에 돈이 무엇을 해줄지는 생각해 보지도 못했다.

돈만을 추구하고 살아가는 사람들에게 진정 필요한 것은 여유였다. 행복해지기 위해서는 게을러질 필요가 있고, 모든 것이 좀 더 오래 지속되어야 했다. 이것은 무능력이 아니라 시간에 투자하는 것을 의미했다.

"제주도는 볼 게 없어. 어째 10년 전이나 지금이나 똑같아?"

관광지와 여러 관광코스를 돌아다니는 사람들은 십중팔구 이런 말을 했다. 반면 바쁜 일상과 스트레스를 떨치기 위해 편안하게 쉬러 오는 사람들은 제주에 여러 번 와도 항상 좋다고 말하곤 한다. 그런 모습을 보면, 제주는 속도에 치이고 일에 쫓겨 사는 사람들에게 휴식과 위안을 주는 역할을 하고 있는 것이다.

김연욱은 자신에게 좋은 일들이 다 사람들을 행복하게 해주려고 노력하면서 생겼던 것을 알게 되었다.

김연욱이 입을 열었다.

"내가 깨달은 것을 자네와 나누고 싶어."

홍 실장은 제주의 대표적인 브랜드인 감귤의 색깔이 잠시 쉬어갈 준비를 표시하는 횡단보도의 황색등과 같다는 사실을 깨달았다. 사물을 다른 각도에서 보려고 하니 세상이 무척 다르게 보였다. 욕심과 두려움을 내려놓으니 잃어버렸던 마음의 여유를 되찾을 수 있었다.

'이제껏 느리고 욕심 없다고 여겼던 제주 사람들의 모습이 이 시대가 바라는 새로운 이정표가 될 수 있지 않을까?'

그는 드디어 자신의 존재를 세울 수 있는 진정한 고유성을 찾아내고 있었다.

"제주는 렌트카를 타고 2박 3일 동안 돌아볼 곳이 아니라 걸으면서 천천히 음미해야 하는 곳이지."

김연욱 사장의 말에 홍현철 실장이 맞장구를 쳤다.

"예, 렌트카보다는 말을 타거나 자전거를 타고 천천히 여행하는 게 더 낫죠."

"그래, 제주는 눈이 아닌 가슴으로 보아야 하는 곳이야."

인간은 자신을 잘 모르도록 설계되어 있어서, 자신이 지금 있는 곳이 얼마나 소중한지 모르고 사는 존재가 아닐까?

김연욱 사장은 차창을 열고 제주의 공기를 가슴 가득 들이마셨다. 이제껏 아무것도 없는 맨땅에 건물을 짓는 개발만 해왔다면, 지금 이 순간부터는 기존의 것을 다르게 보는 새로운 형식의 개발도 할 수 있으리라는 자신감이 생겼다. 이는 앞으로 김연욱의 차별성 있는 자산이 될 것이고, 시간이 가면서 그것은 자신만의 브랜드가치로 커나갈 것이다.

회사의 성장에만 매달린 지난 5, 6년 동안 김연욱 사장의 눈동자는 마치 흐릿한 거울로 보는 것 같이 희미했다. 그러나 이 순간 현철은 예전에 보았던 김연욱의 또렷한 눈동자를 다시 볼 수 있었다. 김연욱은 기업의 목적이 남보다 빨리 많은 돈을 버는 것이 아니라 사람들을 행복하게 하고 세상을 아름답게 하는 것이라고 생각하게 된 듯했다.

기업의 역할은 이익을 많이 내는 것에서 환경(E)을 생각하고 사회적 책임(S)을 다하며 건강한 지배구조(G)를 만들어가는 것으로 변하고 있었다. 기업은 매출이나 규모가 아니라 진정한 정신에서 만들어지는 것이었다. 이익을 앞에 두고 뛰어다니기 시작하면 사업은 욕심으로 바뀌어버리기 십상이었고, 욕심은 우리를 지치게 만들었다. 반면 다른 사람들로부터 사랑받으며 그들에게 즐거움을 더해줄 때 이익은 자연스럽게 따라왔다.

홍현철 실장은 김연욱 사장이 언제고 자신이 믿고 따랐던 본래의 모습을 찾을 것이라 기대하며 오늘까지 그 곁을 떠나지 않았다.

"진정한 즐거움은 어려움을 극복하는 것을 조건으로 한다고 합니다. 힘들었던 시절이 자신을 만들었으니까요. 잃어버린 시간보다 다시 떠오르는 태양에 초점을 맞추면 이 세상은 멋진 곳이 되는 거죠. 저한테 파라다이스를 만난 건 최고의 행운이었습니다. 사장님과 함께할 수 있었으니까요."

김연욱 사장은 홍현철 실장의 말에 고마워하며 맞장구쳤다.

"실패해도 괜찮아. 중요한 것은 꾸준히 앞으로 나아가는 것이지. 한걸음씩 하루하루가 쌓이면 언젠가는 목표에 도달할거야. 목표가 꼭 성공일 필요는 없어. 성공하지 못한 평범한 삶이라도 도전의 가치가 있는 거니까. 그것이 전투에서는 지더라도 전쟁에서는 이기는 길이지."

그는 잃어버린 마음을 찾고 있었다. 김연욱 사장과 홍현철 실장은 이제 골프장이 아닌 가장 제주다운 곳에서 새로운 걸음을 내딛는 꿈을 꾸고 있었다.

지금까지
『회계 천재가 된 홍 대리』 시리즈를 사랑해주신
독자 여러분께 감사드립니다.

회계 천재가 된 홍 대리 5

초판   1쇄 발행 2007년 1월 12일
개정4판 1쇄 인쇄 2023년 10월 11일
개정4판 1쇄 발행 2023년 10월 25일

지은이 손봉석
펴낸이 김선식

경영총괄이사 김은영
콘텐츠사업본부장 임보윤
콘텐츠사업1팀장 한다혜 **콘텐츠사업1팀** 윤유정, 성기병, 문주연
편집관리팀 조세현, 백설희 **저작권팀** 한승빈, 이슬, 윤제희
마케팅본부장 권장규 **마케팅2팀** 이고은, 양지환 **책임마케터** 양지환
미디어홍보본부장 정명찬 **영상디자인파트** 송현석, 박장미, 김은지, 이소영
브랜드관리팀 안지혜, 오수미, 문윤정, 이예주 **지식교양팀** 이수인, 염아라, 김혜원, 석찬미, 백지은
크리에이티브팀 임유나, 박지수, 변승주, 김화정, 장세진 **뉴미디어팀** 김민정, 이지은, 홍수경, 서가을
재무관리팀 하미선, 윤이경, 김재경, 이보람
인사총무팀 강미숙, 김혜진, 지석배, 박예찬, 황종원
제작관리팀 이소현, 최완규, 이지우, 김소영, 김진경
물류관리팀 김형기, 김선진, 한유현, 전태환, 전태연, 양문현, 최창우
외부스태프 표지 및 본문 디자인 김혜림 일러스트 감작가

펴낸곳 다산북스 **출판등록** 2005년 12월 23일 제313-2005-00277호
주소 경기도 파주시 회동길 490
대표전화 02-704-1724 **팩스** 02-703-2219 **이메일** dasanbooks@dasanbooks.com
홈페이지 www.dasan.group **블로그** blog.naver.com/dasan_books
용지 스마일몬스터 **인쇄** 상지사피앤비 **코팅 및 후가공** 평창피앤지 **제본** 상지사피앤비

ISBN   979-11-306-4649-7 (04320)
       979-11-306-4639-8 (세트)

다산북스(DASANBOOKS)는 독자 여러분의 책에 관한 아이디어와 원고 투고를 기쁜 마음으로 기다리고 있습니다.
책 출간을 원하는 아이디어가 있으신 분은 다산북스 홈페이지 '투고원고'란으로 간단한 개요와 취지, 연락처 등을
보내주세요. 머뭇거리지 말고 문을 두드리세요.